U0508925

《财政政策学习百问》
编委会

主　编：吕冰洋

编　委：岳树民　马光荣　李　戎

国家宏观经济政策普及读本

财政政策
学习百问

CAIZHENG ZHENGCE
XUEXI BAIWEN

中国人民大学财税研究所
组织编写

人民出版社

C目 录
ONTENTS

篇 二

★ 财政政策工具 ★

目　录

篇 三

★ 积极的财政政策效应 ★

目 录
CONTENTS

篇 四

★ 财政政策与其他政策的配合 ★

目 录

CONTENTS

篇　一

财政政策的内涵及目标

财政政策的定义是什么?

　　财政政策是指政府通过调整预算、税收和政府支出等手段，对整体经济进行宏观调控的政策体系。这一政策旨在通过调整预算和财政收支，影响国家的经济运行，实现宏观经济目标，促进全面可持续的经济发展。财政政策通常与货币政策一起构成宏观经济调控的两大支柱，以实现国家经济平衡。

　　财政政策的定义涵盖了通过财政手段对经济进行宏观调控的方方面面。财政政策的基本手段主要包括国家预算、税收、支出等。

　　国家预算是实现财政职能的基本手段，反映国家的施政方针和社会经济政策，规定政府活动的范围和方向。主要通过政府预算收支规模的确定、收支结构的安排和调整来实现财政政策的目标。

　　税收政策是在一定的经济理论和税收理论的指导下，根据国家一定时期的政治和经济形势要求制定的。它既是财政调控的手段，也是社会公平的一种表现。因为税收的调整不仅影响个人和企业的行为，还影响资源配置和社会公平。政府一般可以通过降低税率、减免税收、改革税收结构等方式来影响企业和个人的行为，从而刺激生产和消费活动。

而支出政策则包括政府在不同领域的支出计划和开支安排。政府可以通过增加基础设施建设、加大社会福利投入、推动科研创新等手段来直接影响经济的各个方面。

国家预算、税收政策和支出政策相互配合、相互补充。对国家预算、税收政策和支出政策的调整，往往需要根据当前经济形势和政府的政策取向进行合理搭配，以实现财政政策的预期效果。首先，政府通过年度预算的编制，明确收入和支出的计划，以及政府债务的管理。通过预算的灵活调整，政府对特定领域进行有针对性的投入，推动经济结构的升级和改善。其次，政府通过税收和政府支出的调整，能够直接影响市场供求关系，从而对经济总体产出、就业水平和物价水平等方面产生影响。

此外，根据不同的分类方式，财政政策可以分为不同类型。根据调控目标的不同，财政政策可分为扩张性财政政策、中性财政政策和紧缩性财政政策；根据执行机关的不同，可分为中央财政政策和地方财政政策；根据时间范围的不同，可分为短期财政政策和长期财政政策；根据影响领域的不同，可分为经济增长导向的财政政策、就业导向的财政政策和通货膨胀控制导向的财政政策。

总体而言，财政政策是国家宏观经济调控的关键工具之一，对于实现经济平稳增长、促进就业、维护社会公平等目标发挥着不可替代的作用。通过调整财政收支状况，政府能够在经济波动和不确定性的情况下实现稳定发展的目标。然而，财政政策的实施需要审慎和协调，以充分发挥其积极作用，确保财政政策的有效性和可持续性，避免潜在的负面影响。此外，在全球化和复杂多变的经济环境下，财政政策的制定和执行需要与其他宏观经济政策协同配合，形成整体性的宏观经济调控体系，以推动经济平稳健康发展。

财政政策的主体是什么？

政府通过财政政策，调整预算和财政收支，以达到宏观经济调控的目标。财政政策的主体是财政政策的制定者和执行者。在大多数国家，财政政策的主体通常包括国家财政部门、中央银行、国家立法机构以及国家领导层，它们共同协作，确保财政政策的有效性和一致性。

国家财政部门。国家财政部门是财政政策的主要执行机构。首先，财政部门负责编制国家预算，规划政府支出，以实现经济增长、就业促进、社会公平等多方面的目标。其次，财政部门制定税收政策，决定税收的种类、税率和税收征收方式，通过这一手段来调节个人和企业的行为，影响整体经济的运行。此外，在财政政策的实施中，财政部门需要密切关注经济动向，灵活调整政策，确保其适应不断变化的经济环境。通过以上职能，财政部门能够直接影响国家财政状况，通过具体的财政政策措施来引导经济运行，从而实现宏观经济调控的目标。

中央银行。中央银行主要负责货币政策的制定和执行，通过调整货币供应、利率等手段来影响货币市场和整体经济运行。财政政策与货币政策密切相关，两者协同作用能够更好地达到宏观经济调控的效果。中央银行在实施货币政策时，需要与财政部门密切协调，确保两者之间的一致性。例如，在财政政策采取扩张性措施时，中央银行可以通过降低利率来支持经济增长。而在财政政策采取紧缩性措施时，中央银行则可以通过提高利率来抑制通货膨胀。

国家立法机构。国家的财政政策往往需要得到国家立法机构的批准，这确保了财政政策的透明性和合法性。国家立法机构的参与使财政政策的制定更具有民主性和代表性。

国家领导层。国家领导层在财政政策的决策中发挥着关键作用。他们对整体经济形势和长远发展目标的把握，以及财政政策的方向和取舍都具有重要影响。

中国财政政策的核心主体是政府，包括中央政府和地方政府。财政部作为最高财政行政机关，负责财政法规的制定和执行、财政收支的管理、税收政策的制定，以及预算的编制等重要职责。同时，国务院发展研究中心在宏观经济调控中发挥着重要的智囊作用，对财政政策的研究和制定提供支持。

综上，在制定和实施财政政策时，政府会全面考虑经济状况、社会需求和长期发展目标，灵活运用财政手段，从而应对各种经济挑战和机遇。财政政策的主体共同努力，方能更好地实现国家的宏观经济调控目标。

 财政政策的目标是什么？

财政是国家治理的基础和重要支柱。财政政策目标是和财政职能紧密相关的，即执行财政职能来实现财政政策目标。西方经济发达国家财政政策目标通常为充分就业、稳定物价和稳定经济。就我国的实践来看，新中国成立以来，我国现代财政制度始终与中国共产党的领导、社会主义制度和现代化建设相联系，并始终服从和服务于社会主义现代化国家建设的需要。服从国家要求、服务国家需要从来都是我国财政政策的首要目标。

财政政策的目标契合政府治理的目标。国家的中长期规划就是财政政策的中长期目标，历年国家预算报告宣布的方针和措施就是财政政策当年的短期目标。按照《中华人民共和国国民经济和社会发展第十四个五年规划和 2035 年远景目标纲要》和全面建设社会主义现代化国家的战略安排，当前财政政策目标可以分为"十四五"时期经济社会发展具体目标和 2035 年远景目标。

"十四五"时期具体目标包括：经济发展取得新成效，改革开放迈出新步伐，社会文明程度得到新提高，生态文明建设实现新进步，民生福祉达到新水平，国家治理效能得到新提升。2035 年远景目标包括：我国经济实力、科技实力、综合国力将大幅跃升，经济总量和城乡居民人均收入将再迈上新的大台阶，关键核心技术实现重大突破，进入创新型国家前列；基本实现新型工业化、信息化、城镇化、农业现代化，建成现代化经济体系；基本实现国家治理体系和治理能力现代化，人民平等参与、平等发展权利得到充分保障，基本建成法治国家、法治政府、法治社会；建成文化强国、教育强国、人才强国、体育强国、健康中国，国民素质和社会文明程度达到新高度，国家文化软实力显著增强；广泛形成绿色生产生活方式，碳排放达峰后稳中有降，生态环境根本好转，美丽中国建设目标基本实现；形成对外开放新格局，参与国际经济合作和竞争新优势明显增强；人均国内生产总值达到中等发达国家水平，中等收入群体显著扩大，基本公共服务实现均等化，城乡区域发展差距和居民生活水平差距显著缩小；平安中国建设达到更高水平，基本实现国防和军队现代化；人民生活更加美好，人的全面发展、全体人民共同富裕取得更为明显的实质性进展。

财政部于 2024 年 3 月 5 日提请十四届全国人大二次会议审查的《关于 2023 年中央和地方预算执行情况与 2024 年中央和地

方预算草案的报告》提出，2024年预算编制和财政工作的总体要求是：要在以习近平同志为核心的党中央坚强领导下，以习近平新时代中国特色社会主义思想为指导，全面贯彻落实党的二十大和二十届二中全会精神，按照中央经济工作会议部署，坚持稳中求进工作总基调，完整、准确、全面贯彻新发展理念，加快构建新发展格局，着力推动高质量发展，积极的财政政策要适度加力、提质增效；落实好结构性减税降费政策，合理把握政策力度，重点支持科技创新和制造业发展；稳妥安排财政赤字和地方政府专项债券规模，持续发挥2023年增发国债资金作用，加大财政资金统筹力度，保持必要的支出强度，集中力量办大事，强化国家重大战略任务财力保障；完善预算安排和管理措施，强化绩效结果应用，大力优化支出结构，坚持党政机关过紧日子不动摇，严格控制一般性支出，合理安排中央对地方转移支付，兜牢基层"三保"底线，把财政资金用好、用在刀刃上，提高资金效益和政策效果；统筹把握财政收支政策，做好跨年度预算平衡；加强财政承受能力评估，持续抓好地方政府债务风险化解，促进财政健康平稳可持续运行，持续推动经济实现质的有效提升和量的合理增长，为以中国式现代化全面推进强国建设、民族复兴伟业提供有力保障。

财政政策的功能是什么?

科学的财税体制是优化资源配置、维护市场统一、促进社会公平、实现国家长治久安的制度保障。财政是履行和实现政府职能的手段,而财政政策贯穿于财政工作的全过程。财政政策的功能划分为以下四个方面:优化资源配置、维护市场统一、促进社会公平、实现国家长治久安。

优化资源配置。财政政策的一大重要功能是进行宏观调控和优化资源配置。各种财政政策通过有效组合,实现优化资源配置的功能,从而实现宏观调控目标,促进重大经济结构协调和生产力布局优化,减缓经济周期波动的影响,防范区域性、系统性风险,稳定市场预期,以实现经济稳定持续健康发展。2015 年11 月,习近平总书记在主持召开中央财经领导小组第十一次会议时,提出"在适度扩大总需求的同时,着力加强供给侧结构性改革"的命题。① 供给侧结构性改革中主要财政政策是:进一步减税降费,加大收费基金清理和改革力度;适度扩大财政赤字规

---

① 习近平:《论把握新发展阶段、贯彻新发展理念、构建新发展格局》,中央文献出版社 2021 年版,第 55 页。

模，适当增加必要的财政支出，保障政府应该承担的支出责任；调整优化支出结构，按可持续、保基本的原则安排好民生支出；加大财政资金统筹使用力度，创新财政支出方式，提高财政支出效率。这些财政政策都发挥着优化资源配置的重要功能。

维护市场统一。财政政策具有并发挥维护市场统一的功能。几乎每项财税改革都和市场统一有密切关系。我国"营改增"（营业税改为增值税）的税制改革是财政政策维护市场统一的典型例证。"营改增"改革打通了增值税抵扣链条，解决了服务业和制造业税制不统一的问题，使重复征税成为历史，更好地体现了税收中性原则，有利于减轻企业负担。此外，改进预算管理制度，实施全面规范、公开透明的预算制度，实行四种预算的全口径预算，将政府的资金流纳入规范的统一协调管理；完善转移支付增长机制，原则上通过一般性转移支付调节，清理、整合、规范专项转移支付项目，逐步取消竞争性领域专项和地方资金配套，严格控制引导类、救济类、应急类专项；中央与地方建立事权和支出责任相适应的制度，适度加强中央的事权和支出责任，逐步理顺事权关系，通过税制改革加快地方税种建设，增强地方自主财力，反对地方保护主义；等等。这些都是有利于建设统一开放、竞争有序的市场体系的财政政策，都具有维护市场统一的功能。

促进社会公平。财政政策在促进社会公平方面发挥重要功能。与许多行政手段相比，财政政策作用更加缓和，引发的经济和社会波动也相对较小。首先，在收入分配方面，财政政策通过税收的再分配功能调节市场经济带来的收入分配差距，体现在对居民收入分配、间接税税负分配、财产分配上。其次，优化支出结构的财政政策保证及加快教育和卫生保健等社会事业的发展，实现公共服务的均等化。财政政策在公共教育、就业创业、社会保险、医疗卫生、社会服务、住房保障、公共文化体育、优抚安置、残疾人服务等重点环节，促进基本公共服务覆盖全体人民，促进社会公平。最后，财政政策在精准脱贫攻坚战中发挥了强大作用，例如建成财政专项扶贫资金及其增长机制，重点攻克深度贫困地区的脱贫任务，实现了让贫困人口和贫困地区同全国一道进入全面小康社会的庄严承诺。

实现国家长治久安。财政政策发挥着实现国家长治久安的重大功能。例如，在控制财政收入、支出占国内生产总值（GDP）的比重方面，一直将财政赤字维持在国际公认的范围内，以确保宏观经济的稳定和财政的可持续性。同时，坚持以人为本，持续增加对教育、医疗卫生、社会保障、就业等民生领域的支出，保障基本需求，实现社会的稳定与和谐。此外，注重调节国家、企业、居民，以及中央和地方之间的关系，通过清费立税、实行结构性减税政策，减轻企业和居民负担，建立符合事权与支出责任的财政体制，发挥中央与地方的积极性。这些财政政策的有力实施有效地保障了社会的安定与和谐，为实现国家长治久安发挥了重要功能与作用。

财政政策有哪些分类方式和类型?

根据不同的分类依据，可以将财政政策分为不同类型。

根据调控目标的不同，可分为扩张性财政政策、中性财政政策和紧缩性财政政策。

扩张性财政政策。当经济衰退、失业率上升时，政府可能采取扩张性财政政策。这包括增加政府支出，减少税收或增加借款，以刺激经济活动，提高就业水平。

中性财政政策。这种政策通常在经济相对平稳的情况下采用。政府保持相对中立，旨在使财政政策对经济的影响保持平衡，不过度刺激或过度抑制。

紧缩性财政政策。当经济过热、通货膨胀压力较大时，政府可能采取紧缩性财政政策。这包括减少政府支出，增加税收或削减借款，以遏制通货膨胀，平抑过热经济。

根据执行机关的不同，可分为中央财政政策和地方财政政策。

中央财政政策。即由中央政府制定和执行的财政政策。中央财政政策通常直接涉及国家层面的税收、支出和借款等，是宏观经济调控的主要手段。

地方财政政策。即由地方政府制定和执行的财政政策。地方政府在实施财政政策时可以根据本地实际情况调整，发挥更大的灵活性，但也可能面临一些地方性的问题，如地方债务等。

根据时间范围的不同，可分为短期财政政策和长期财政政策。

短期财政政策。主要通过调整政府支出和税收等手段，在短时间内对经济进行刺激或调整，以应对当前的宏观经济问题。

长期财政政策。着重于改革结构，通过长期的政策制定和执行，包括教育、医疗、科技等领域的长期投资，促进长期经济增长。

根据手段的不同，可分为财政支出政策、税收政策和债务政策。

财政支出政策。通过增加或减少政府的支出来影响经济。这包括基础设施建设、社会福利、教育等领域的投资。

税收政策。通过调整税收水平和税收结构来影响经济。例如，减税可以刺激消费和投资，增税则会对通货膨胀产生抑制作用。

债务政策。通过调整政府借款水平来影响经济。需要注意的是，增加借款可能提供资金支持，但也会带来债务压力。

根据影响领域的不同，可分为经济增长导向的财政政策、就业导向的财政政策和通货膨胀控制导向的财政政策。

经济增长导向的财政政策。旨在促进经济的增长，包括加大基础设施投资、鼓励创新等。

就业导向的财政政策。以提高就业水平为目标，可通过增加公共工程项目、培训计划等手段来实现。

通货膨胀控制导向的财政政策。旨在控制通货膨胀，可通过紧缩性财政政策来降低总需求。

以上分类方式并不是互斥的，实际上，财政政策常常是综合运用这些方式的结果。在实际制定和执行财政政策时，政府需要综合考虑经济的实际状况、政策的效果及社会的各种因素，以取得最佳的宏观经济调控效果。

6 需求侧和供给侧的财政政策分别是什么？

需求侧和供给侧是两种不同的经济政策取向，它们分别强调宏观经济调控中的不同方面。需求侧财政政策注重通过调整总需求来影响经济，而供给侧财政政策则侧重于通过改善经济结构和激发生产力来促进经济增长。

需求侧财政政策。需求侧财政政策关注的是总需求对经济活动的影响。这一政策取向主要通过调整政府支出和税收来影响国内总需求，以实现宏观经济目标，如促进经济增长、降低失业率和控制通货膨胀。以下是需求侧财政政策的一些关键措施。

增加政府支出。通过加大对基础设施建设、社会福利等方面的支持，刺激经济活动，提高总需求。

减少税收。通过减税来增加个人和企业的可支配收入，鼓励消费和投资，增强总需求。

提高社会福利水平。增加对社会福利的支持，如医疗、教育等，提高居民的消费水平，促进总需求的增加。

供给侧财政政策。供给侧财政政策关注的是改善生产力和经济结构，通过激发生产要素的供给，提高生产率和经济增长潜力。以下是供给侧财政政策的一些关键措施。

减少生产成本。通过减税、降低企业负担、简化行政程序等方式，减少企业生产成本，提高生产效率。

加强创新支持。提高对研发和创新的财政支持，鼓励企业进行技术升级，以提高生产力水平。

改善劳动力市场。通过培训计划、教育支持等手段，提高劳动力的素质和技能，改善生产力。

优化税收结构。调整税收政策，鼓励投资和生产活动，提高企业的营利水平，促进供给侧的改善。

推动市场化改革。通过深化市场化改革，减少政府对经济的干预，激发市场主体的活力，提高资源配置效率。

鼓励企业创业。提供创业支持，减少创业壁垒，鼓励新兴产业的发展，推动经济结构转型升级。

需求侧与供给侧的关系。需求侧和供给侧并非互相排斥，而是可以相互协调的。事实上，政府通常会综合考虑，以实现经济平稳增长和结构优化。例如，扩张性的需求侧政策可以在短期内刺激经济增长，而供给侧政策则更加注重长期经济结构的改善。

在一些情况下，需求侧和供给侧政策可以相互补充。例如，通过减税降费鼓励企业生产，既可以提高总供给，又可以促进总需求的增加。因此，在制定财政政策时，政府需要综合考虑当前的经济状况、政策的实施效果，以及长期的结构性调整需要。

总体而言，需求侧和供给侧财政政策在国家经济运行中都具有重要作用。通过灵活运用这两种政策取向，政府可以更好地应对不同的风险挑战，推动经济持续健康发展和社会大局稳定。

扩张性、紧缩性和中性的财政政策分别是什么？

扩张性、紧缩性和中性是财政政策在实施过程中采取的不同取向，分别用于刺激经济、抑制通货膨胀和保持宏观经济稳定。

扩张性财政政策。扩张性财政政策是指国家通过增加政府支出、减少税收或增加借款等手段，刺激总需求，促进经济增长的一种政策取向。这种政策通常在经济下行周期、衰退或高失业率时被采用。

对个人和企业而言，减少税收意味着个人和企业拥有更多的可支配收入，增加消费和投资。对政府而言，政府采取增加借款的手段满足支出需要，导致财政赤字。对整体经济而言，扩张性财政政策增加了社会总需求，促进经济增长，但是会增加通货膨胀的风险。

紧缩性财政政策。紧缩性财政政策是指国家通过减少政府支出、增加税收或削减借款等手段，抑制总需求过快增长，以防止通货膨胀或平抑过热经济的一种政策取向。这种政策通常在经济过热、通货膨胀压力上升时被采用。

对个人和企业而言，增加税收意味着个人和企业的可支配收入减少，抑制消费和投资。对政府而言，增加税收和削减借款减少了政府的财政赤字，增加了政府收入。对整体经济而言，紧缩性财政政策减少了社会总需求，有助于控制通货膨胀和财政赤字，但是也会造成经济增长放缓。

中性财政政策。中性财政政策是指政府在财政政策的制定中保持相对中立，旨在使财政政策对经济的影响保持平衡，不过度刺激或过度抑制。这种政策通常在经济相对平稳的情况下采用，以维持宏观经济的长期平衡。

在中性财政政策下，政府的干预程度相对较低，个人行为、企业行为、整体经济主要受市场力量的影响。

上述三种财政政策取向在实践中往往会相互结合，根据实际经济状况和政策目标进行灵活调整。政府在制定财政政策时需要充分考虑经济周期、通货膨胀预期、失业水平等因素，以实现宏观经济的平衡和稳定。

❯ 知识链接　当前，扩张性财政政策有哪些？

一是在财政支出强度上，统筹财政收入、财政赤字、贴息等政策工具，适度扩大财政支出规模。

二是在专项债投资上，合理安排地方政府专项债券规模，适当扩大投向领域和用作资本金范围，持续形成投资拉动力。

三是在推动财力下沉上，持续增加中央对地方转移支付，向困难地区和欠发达地区倾斜，兜牢兜实基层"三保"底线。

四是完善税费优惠政策，增强精准性和针对性，着力助企纾困。

五是优化财政支出结构，更好发挥财政资金"四两拨千斤"的作用，有效带动扩大全社会投资，促进消费。

六是加强与货币、产业、科技、社会政策的协调配合，形成政策合力，推动经济运行整体好转。

现有的财政政策体系是什么？

　　财政政策体系是财政政策参与主体针对不同的经济社会形态、不同的财政政策目标和不同的政策作用点等形成的财政政策类型的总和。新中国成立以来，财政政策作为国家治理的工具发挥着越来越重要的作用。各种不同的财政政策及其组合构成了政府解决多样问题的工具体系，形成了相应的财政政策体系。虽然财政运作方式因时而异，但财政政策体系始终以国家发展战略目标为根本依据，以政策和项目为载体，例如通过财政计划、预算管理和税制改革等作用机制扩大财源、优化支出和提高财政资金使用效率，最终实现以有限财政资源落实国家重大战略目标的政策效果。

　　就财政政策体系发挥政策效能的逻辑而言，财政政策的实施首先要有清晰的财政政策目标，然后根据财政政策目标选择适宜的财政政策工具，财政政策工具通过一系列作用机制形成从财政工具选择到财政目标实现的完整链条，最后产生相应的财政政策效果。就财政政策体系本身而言，财政政策目标之间的权衡选择则有可能产生效率与公平之间的矛盾。同时，财政政策主体决策是否科学、财政政策主体间利益能否协调、财政政策作用点的选取方式等，都可能引发一系列的矛盾，表现为中央科学决策与地方有效实施之间的矛盾、政府宏观部署与市场微观秩序之间的矛盾。

　　未来进一步完善我国财政政策体系有三个方面值得关注：首先，推进财政政策体系的制度化和规范化，促进决策的科学性和实施的有效性。具体地，在中央层面，以国家统筹为牵引完善顶层设计，从整体、宏观、全局高度出发提出战略目标；在地方层面，从制度完善和能力提升上加强基层建设，推动地方站在大局角度配合中央更好地实施战略，经济发展部署要融入和服务于国家战略大局。其次，增强财政政策体系内各环节的系统性和协调性，提高财政政策的关联性和互补性。系统性的财政政策体系应注重各政策环节之间的协调，确保在提出财政目标后各环节相互融合保障执行，注重克服薄弱环节，提升政策体系整体运行效率。还应完善风险预防措施和政策纠偏程序，充分发挥市场微观主体的自组织、自适应、自协调能力。最后，打造适应高质量发展的财政政策体系，兼顾效率与公平。针对发展中面临的财政政策或制度瓶颈，创新政策思路，化解高质量发展中的难点，打通高质量发展中的堵点，提高政策的精准性和有效性，围绕共同富裕迭代升级财政政策体系。

财政政策乘数是什么?

财政政策乘数是指不同的财政政策的变动引起国民收入或国民产出变动的倍数，主要包括税收乘数、购买性支出乘数、转移性支出乘数和平衡预算乘数。乘数理论运用简单的线性数理模型，精确地表达了政府税收、购买性支出、转移性支出等财政政策因素对国民产出的影响，因此成为宏观经济学极其重要的组成部分，以及政府宏观经济调整的重要决策依据。

财政政策的乘数可以依据经济学关于国民收入的决定方程式推导得出。假定国民收入由消费支出、私人投资支出和政府购买性支出构成。其中，消费支出由与可支配收入、边际消费倾向这两个因素相关的收入引致消费，以及人们在没有收入时也必须要支出的自发消费这两部分消费支出组成。可支配收入是指国民收入减去国家税收，再加上转移性支出的部分，是最终可用于消费支出和储蓄的收入。基于上述关系，我们可以将国民收入表示为税收、私人投资支出、政府购买性支出、转移性支出以及边际消费倾向等多个经济因素的综合表达式。通过对国民收入综合表达式求各个因素的偏导，便可以得出各类乘数的表达式。

税收乘数。税收乘数表现的是税收的变动对国民产出的影响程度。通过对国民产出求税收的偏导，可得到税收乘数。第一，税收乘数是负值，说明税收的增减与国民产出反方向变动。第二，当政府增加税收时，国民产出成倍减少；当政府减少税收时，国民产出成倍增加。这意味着若政府采取减税政策，虽然会减少财政收入，但将会成倍地刺激社会有效需求或有效供给，有利于经济的增长。

购买性支出乘数。购买性支出乘数代表的是购买性支出的变动对国民产出的影响程度。通过对国民产出求政府购买性支出的偏导，可得到购买性支出乘数。第一，购买性支出乘数是正值，说明购买性支出的增减与国民产出同方向变动。第二，当政府增加购买性支出时，国民产出成倍增加。第三，购买性支出乘数的绝对值大于税收乘数的绝对值，这说明增加购买性支出政策的效应大于减税政策的效应。第四，购买性支出对国民产出的影响等同于投资对国民产出的影响，增加购买性支出和增加投资对国民产出的刺激效果是一样的。

转移性支出乘数。转移性支出乘数体现的是转移性支出的变动对国民产出的影响程度。通过对国民产出求转移性支出的偏导，可得到转移性支出乘数。第一，转移性支出乘数为正值，说明转移性支出的增减与国民产出同方向变动。第二，当政府增加转移性支出时，国民产出成倍增加。第三，转移性支出乘数和税收乘数互为相反数。这是因为转移性支出对总产出的影响方式类似于税收，也是通过改变人们的可支配收入的方式影响消费，间接影响国民产出。

平衡预算乘数。平衡预算乘数是指当政府收入和支出同时以相等数量增加或减小时，国民产出变动对政府收入变动或支出变动的比率。平衡预算乘数可以表示成购买性支出乘数加上税收乘数，其数值等于1。这就是说，即使增加税收会减少国民产出，但若同时等额地增加购买性支出，国民产出也会等额地增加。换言之，即使政府实行平衡预算的政策，仍具有一定的扩张效应。

 财政政策的传导机制是什么？

　　财政政策的传导机制是指财政政策工具在发挥作用的过程中，各种财政政策工具的构成要素通过某种作用机制相互联系，从而形成一个有机的作用整体。财政政策发挥作用的过程，实质上是财政政策工具变量经由中介变量的传导转变为政策目标变量的复杂过程。不同经济环境和制度约束下，财政政策传导机制表现出不同的特征。

　　凯恩斯主张就业指数是财政政策传导的中介变量，萨缪尔森则主张可支配收入是财政政策的中介传导变量。还有的学者认为，对于财政政策传导中介变量的选择，应综合国情考虑。对于高收入国家而言，私人部门投资是财政政策影响经济增长的主要传导渠道；而在低收入国家中，要素生产率促进经济增长的效率是私人部门投资的 4 倍，所以主张要素生产率作为财政政策的主要传导渠道。有学者通过对美国数据的具体研究，发现 20 世纪 80 年代后美国的财政政策效应之所以发生变化，主要在于财政政策传导机制出现了变化，这一方面是由于货币政策传导机制发生了变化，另一方面在于资本市场参与的改变引起的消费者行为变化。

我国理论界对财政政策传导机制的研究普遍接受陈共的观点，认为财政政策主要借助收入分配、货币供给和价格等宏观经济变量，影响经济主体的投资和消费行为，从而实现调控经济总产出、促进经济增长的目标。在此基础上，尚长风进一步将财政政策的传导机制划分为直接和间接两种，他指出，靠政府直接投资扩大投资规模，刺激有效需求，此为财政政策的直接传导机制；通过政府投资和减税来带动私人部门投资，从而刺激就业和消费，实现经济增长，这个过程称为财政政策的间接传导机制。财政政策直接传导机制的作用效果不难测算，它主要取决于政府投资的力度。因此，研究财政政策的间接传导机制及其作用机理便成为分析财政政策效应的核心内容。

简单来说，财政政策的传导主要是通过收入分配这一主要中介指标影响社会总供求，进而实现财政政策目标。根据政府是否采取行动，财政政策的传导机制分为如下两种情况。

"**自动稳定器**"**财政政策的传导机制**。在"自动稳定器"的财政政策中，当经济出现不均衡时，政府不需要采取任何行动，财政政策工具就会自动发挥作用，减缓经济的衰退或者膨胀，稳定经济。在财政政策工具中，"自动稳定器"主要包括超额累进税率的所得税和有明确条件规定的对个人的转移支付。

"**相机抉择**"**财政政策的传导机制**。在大多数总供求失衡的情况下，为了使经济达到预定的总需求和就业水平，仅依靠"自动稳定器"财政政策工具往往调整力度不够，政府还需要根据不同的情况相机决定采取不同的财政政策手段，进而影响企业和居民的可支配收入，调节社会总需求。这就是执行"相机抉择"财政政策。

财政政策时滞是什么？

政策时滞是指从客观经济形势变化到政府制定宏观经济政策措施，以及实施调控政策直至对经济运行产生效应之间的时间间隔，包括内部时滞和外部时滞。内部时滞可以细分为认识时滞和决策时滞，外部时滞分为行政时滞、执行时滞和效果时滞。

认识时滞是指从经济现象发生变化到决策者对这种需要调整的变化有所认识所需的时间，这段延迟时间的长短，主要取决于行政部门掌握经济信息和准确预测的能力。决策时滞是指有关部门将分析结果提交给立法机构审议通过所占用的时间。这两种时滞只属于研究过程，是经济中发生了引起不稳定的变动与决策者制定出适当的经济政策并付诸实施之间的时间间隔，经济学称之为内部时滞。内部时滞的长短，一方面取决于财政当局收集资料、研究情况所占用的时间，以及采取行动的效率；另一方面取决于当时的政治与经济目的，尤其是在希望实现的目标较多的情况下，必须对政策目标的优先顺序进行选择。

行政时滞也称行动时滞，是指有关当局在制定采取何种政策之前，对经济问题调查研究所耗费的时间。执行时滞是指政策议案在立法机构通过后交付有关单位付诸实施所需要的时间。效果时滞是指政策正式实施到对经济产生影响所需要的时间。这三种时滞与政策运行发生直接关系，而且直接影响社会经济活动，因而被称为外部时滞。由于经济结构和经济主体的行为具有不确定性，很难预测，因此外部时滞可能会更长。

财政政策风险效应具有滞后性，政策时滞是影响政策对经济作用效果的一个非常重要的因素。经济环境的周期变动性与政策时滞的存在，要求我们不仅要准确判断当前经济环境，更要科学预测经济环境的未来变化趋势，以适时推出有关改革，避免政策对经济运行的逆向调节。财政政策的风险效应是政策实施后果的表现。在财政政策制定和实施之前，无所谓财政政策风险；在政策实施的过程中，也不容易发现其风险；而实施一段时间之后，政策所造成的负面效应才开始显现，即风险效应表现出一定的滞后性。这样，政策制定者必须充分考虑政策实施过程中可能出现的各种情况，以及实施后可能出现的各种后果，做到防范风险于未然。在选择政策工具时，管理当局必须考虑政策时滞的长短。因此，分析研究政策时滞时，对政策工具的正确选择是十分必要的。否则，一旦风险效应产生，要消除风险将事倍功半。

时滞是影响政府宏观经济政策效果的关键因素。了解和充分考虑各种内部时滞和外部时滞，对于制定和实施有效的财政政策至关重要。

12 财政政策时滞所产生的影响是什么？

财政政策时滞可能会降低政府干预的效果，并在很大程度上影响着经济政策的有效性，不利影响主要体现在以下四个方面。

经济周期。在经济周期中，政府采取了一系列财政政策来应对不同阶段的挑战。然而，由于财政政策的时滞效应，这些政策往往在经济已经达到高峰或衰退阶段时才开始发挥作用。这种延迟会导致财政政策产生与初衷相反的效果。例如，在经济从低迷走向复苏时，为加快复苏进程，政府实施了扩张性财政政策。然而，由于时滞的存在，这些措施可能会在经济已经自我调节到高涨阶段时才开始发挥作用。在这种情况下，财政政策将会增加通货膨胀的压力。因此，我们需要谨慎地考虑和评估财政政策的时机和影响，以确保其能够达到预期的效果。

政策及时性。政府需要一定的时间来制定和实施财政政策。这包括通过立法程序获得支持、规划执行步骤等。这些程序的时间消耗可能导致政府无法迅速采取行动来缓解经济问题。即使政府及时采取了财政政策，其传导到实体经济产生影响也需要时间，这个时间长短及其影响因素也是不容忽视的。例如，减税政策可能需要一段时间才能通过激发消费和投资活动影响实体经济，传导时间受多个因素影响，包括政策设计的具体措施和实施方式、税收制度的复杂性和执行效率，以及市场参与者对减税政策的预期等，政府在制定减税政策时需要充分考虑这些因素，才能确保政策能够及时有效地传导到实体经济并产生影响。

资源配置效率。在决定采取何种财政政策之前，政府需要收集大量的经济数据和信息。如要了解当前经济状况、行业发展趋势、就业率、通货膨胀率等各种宏观和微观经济指标，以便作出正确决策。这些信息可以帮助政府了解经济的整体状况，分析问题的根源，并制定相应的政策措施。但这个信息收集过程是需要时间的，特别是当政府需要确保决策基于准确和可靠的数据时。而这个信息收集时间可能会导致资源配置效率降低，使得社会资源无法得到有效配置和利用，从而影响经济的总体效益。

市场不确定性。市场经济的特点之一是其动态性和不确定性。经济状况可能会随时发生变化，而政府获取和分析数据的过程需要一定的时间。因此，时滞使政府无法及时了解经济的最新动态，从而影响其对未来经济状况的准确预测。时滞可能导致政府在经济状况发生变化之前无法迅速作出反应，从而增加了市场波动的风险。

13 1998 年以来我国财政政策的阶段性特征是什么？

我国自 1998 年开始实施积极的财政政策，财政政策的阶段性特征为"积极—稳健—积极"。

1997 年我国经济刚实现软着陆后，亚洲金融危机突然爆发，经济遭遇改革开放后首次外部寒流。1998 年实际 GDP 为 7.8%、1999 年为 7.1%，跌破 8%。对外贸易严重受挫，进出口总额在 1998 年出现零增长。国内消费与投资动力不足。居民消费价格指数在 1998—2000 年呈现出 20 世纪 90 年代以来的最低谷，以 1989 年为基数 100，1998 年、1999 年分别为 99.2、98.6。社会上大量商品降价处理，出现生产过剩，尤其是低水平、低技术产品生产过剩，市场供求关系由卖方市场转为买方市场。国有企业出现大量下岗职工，城镇登记失业率为 3.1%。产业结构、城乡二元结构、东西部区域结构等问题逐步凸显。此外，1998 年还发生了百年不遇的洪灾。

面对国内外经济压力，1998 年我国政府明确提出经济增长要保 8% 的目标。宏观调控采取积极的财政政策和稳健的货币政策相配合，主要从需求侧促进投资、消费和出口，重点通过加强基础设施建设提高国内需求。此外，还推进国有企业改革，建立现代企业制度，促进高新技术产业发展和企业技术改造等。

经过前期政策调控，我国逐步摆脱亚洲金融危机的影响，再加上中国加入世界贸易组织后工业化、城镇化、市场化、全球化进程加快等因素，经济再次步入快速上升通道，2005 年 GDP 保持两位数增长，达 10.4%，宏观经济形势发生重大变化。部分行业和地区投资开始增长过快、煤电油运局部紧张，国际收支经常项目和资本项目双顺差，外汇储备增长迅猛，通货膨胀压力抬头——需求总量较旺，但投资相对过旺、消费相对不足，经济结构有待调整，这种情况对宏观调控提出了新要求。2004 年底中央经济工作会议决定，2005 年起开始实行稳健的财政政策和稳健的货币政策。

为应对 2008 年国际金融危机带来的冲击，缓解经济下滑，重振市场信心，推动经济复苏，2008 年 11 月我国开始实施积极的财政政策和适度宽松的货币政策。宏观调控要点是"保增长"，以"扩内需"弥补外需不足，并在应对危机中注重"调结构""转方式""促民生"，主要包括加大基础设施建设、提高城乡居民收入扩大消费等措施。

为积极稳妥处理好经济平稳较快发展、经济结构调整和通胀预期管理的关系，2010 年底中央经济工作会议决定，2011 年起开始实行积极的财政政策和稳健的货币政策。2014 年提出我国经济发展进入新常态，2015 年开启供给侧结构性改革，以"去产能、去库存、去杠杆、降成本、补短板"（即"三去一降一补"）为重点，意在调整经济结构，优化要素资源配置，助力经济转型升级，实现经济动能转换，促进有效供给与有效需求相匹配，支持实体经济发展，提高经济增长质量和效率，服务经济长期平稳增长。

14 财政政策如何应对复杂国际环境的挑战？

面对全球化背景下的经济波动、贸易摩擦、汇率变动、资本流动等多重挑战，我国财政政策采取了一系列灵活、审慎、前瞻性的措施，确保经济的稳定增长和可持续发展，并加强与货币政策、产业政策等密切配合，大力提升政策效能，努力推动经济总体回升向好，促进高质量发展。主要体现在以下四个方面。

聚焦经营主体，减负担、稳预期。延续、优化、完善减税降费政策，并抓好落实。2023年，全国新增减税降费及退税缓费超2.2万亿元，民营经济、中小微企业、制造业及与之相关的批发零售业受益明显，结构性减税降费主要针对特定群体或领域、特定税种来降低税费负担。将符合条件的企业研发费用加计扣除比例由75%统一提高到100%，并作为制度性安排长期实施。自2023年1月1日至2027年12月31日，允许先进制造业企业按照当期可抵扣进项税额加计5%抵减应纳增值税税额，为我国经营主体科技创新、高质量发展提供政策支持。

聚焦民生保障，兜底线、增福祉。稳岗扩岗促就业，增强市场信心，落实落细就业优先政策，帮助重点群体就业创业。各有关部门、地方全面落实就业优先政策，完善吸纳就业补贴、社保补贴、职业培训补贴等政策体系，精准有效实施减负稳岗扩就业各项政策措施。例如，湖北省发挥小微企业吸纳就业作用，小微企业一年内新招用符合创业担保贷款申请条件的人员（含高校毕业生）总数达到一定比例的，可申请最高额度不超过500万元的创业担保贷款。完善义务教育经费保障机制，提高义务教育学校的基本经费保障水平，加大对欠发达地区教育的投入，增强社会对教育经费的关注和理解，促进教育经费的合理使用和提高使用效率，延续实施助学贷款免息及本金延期偿还政策。此外，稳妥实施企业职工基本养老保险全国统筹，提高医疗卫生服务能力，支持做好困难群众救助工作等。

聚焦扩大内需，稳投资、促消费。统筹用好 3.8 万亿元新增专项债务限额，以及 6800 亿元中央预算内投资，支持带动扩大社会有效投资。通过减税、提高社会福利、发放消费券等方式，激发居民的消费需求，促进零售业和服务业的发展。例如，延续和优化新能源汽车车辆购置税减免政策，提高"一老一小"个人所得税专项附加扣除标准，加快培育和发展体育休闲、文化旅游等消费增长点，更好释放居民消费潜力。

聚焦创新引领，强动能、优结构。把支持科技创新摆在优先位置，有力保障"卡脖子"领域关键核心技术攻关，以应对国际环境挑战。加大科研经费投入，鼓励知识产权保护，加强科研人才培养，推动产学研结合，加强科技创新的指导和评估。综合运用财政补贴、贷款贴息、税费优惠等措施，加快发展战略性新兴产业，支持中小企业数字化转型，进一步增强发展动能。

15 "十四五"时期财政政策的着力点是什么?

"十四五"时期，应科学把握新发展阶段，全面贯彻新发展理念，全力支持加快构建新发展格局，坚持以政领财、以财辅政，系统谋划财政发展新思路、新举措，加快建立现代财税体制，积极发挥财政职能作用，切实保障"十四五"重大战略和重点任务落到实处、取得实效。具体来说，"十四五"时期的财政政策着力点就是要围绕"财政收入、财政支出、管理、调节、防风险"五个方面下功夫。

在财政收入方面，重点是有效发挥收入政策作用，进一步完善现代税收制度。 从宏观税负看，要保持总体稳定。"十四五"时期，为保障重大战略和重点任务的实现，需要保持宏观税负总体稳定，更好发挥税收筹集财政收入、调节分配格局、促进结构优化和推动产业升级的作用。在此基础上，综合考虑财政承受能力，以及实施助企纾困政策需要，精准实施减税降费，激发市场主体活力。从税制结构看，要持续优化。在保持现阶段税制基本稳定的基础上，进一步建立健全有利于高质量发展、社会公平、市场统一的税收制度体系。健全地方税、直接税体系，适当提高直接税比重，加大税收对收入和财富分配格局的调节力度与精准性，健全以所得税和财产税为主体的直接税体系，优化税收收入结构和税收来源结构。积极推进后移消费税征收环节改革，进一步完善综合与分类相结合的个人所得税制度等。全面完成税收立法任务，以法律形式巩固税制改革成果。

在财政支出方面，着力点是在保持合理支出强度的同时，做到有保有压、突出重点。 一方面，大力优化支出结构。继续坚持政府过紧日子，严控一般性支出。加强对欠发达地区和困难地区的保障，转移支付进一步向中西部地区和困难地区倾斜。加强对基层的保障，最大限度下沉财力，完善县级基本财力保障机制，兜实兜牢基层"三保"底线。另一方面，聚焦构建新发展格局持续发力。支持科技自立自强，加大财政科技投入，提高制造业企业研发费用加计扣除比例，引导企业加大研发投入。推动产业结构优化升级，培育完整内需体系，促进经济循环畅通。支持突破产业瓶颈，推动实施产业基础再造工程，培育一批"专精特新"企业。推动脱贫攻坚与乡村振兴有效衔接，支持深化农业供给侧结构性改革。加力保障和改善民生，强化就业优先支持政策，支持建设高质量教育体系，完善覆盖全民的社会保障体系，强化公共卫生投入，有效增加保障性租赁住房供给。

在管理方面，着力点是持续深化预算管理制度改革，提升财政资源配置效率和资金使用效益，强化我国能够集中力量办大事、成功抵御各种风险挑战的能力。一是加强预算管理。统筹财政资源，加强全口径预算管理，健全财政支出标准体系。强化预算约束，加强预算执行管理，规范预算调剂行为，加大预算公开力度。深化绩效管理改革，推动预算和绩效管理一体化，加强绩效结果应用。二是完善直达机制。常态化实施财政资金直达机制，扩大范围、完善机制、严格监管、强化支撑，为惠企利民提供更加及时有力的财力支持。三是强化财会监督。健全财会监督体系，加强会计审计监管，推动会计准则高质量实施。有效发挥财政部各地监管局作用，强化政策落实跟踪问效。

在调节方面，着力点是充分发挥财政调控和收入分配职能，推进经济社会健康发展。一是着力强化财政调控，实现逆周期、跨周期和预期管理的统一。继续发挥财政总量调控作用，强化逆周期调节，稳定经济增长。加强中期财政规划管理，完善跨年度预算平衡机制，实现跨周期调节。发挥财政政策对预期的引导作用。二是着力完善体制机制，理顺各方关系。推动形成稳定的各级政府事权、支出责任和与财力相适应的制度。推动有效市场和有为政府更好结合，扎实推进国资国企改革，完善促进小微企业和个体工商户发展的政策体系。三是着力调节收入分配，推进共同富裕。推动提高劳动报酬在初次分配中的比重，提升再分配效率，强化税收、转移支付等调节力度和精准性，支持第三次分配发挥作用，着力提高低收入群体收入，扩大中等收入群体。

在防风险方面，重点是统筹发展和安全，增强财政可持续性。科学安排年度财政赤字规模和预算支出，合理确定政府债务规模，完善地方政府债务限额确定、偿债能力评估等机制。坚持举债同偿债能力相匹配原则，严格防控国家财政风险。一方面，坚持审慎决策，保持融资规模与项目收益相平衡，把风险关进笼子；另一方面，建立健全债务风险预警及化解机制，避免财政风险延伸出金融风险、社会治理风险，守住不发生系统性风险的底线。同时，加强民生政策财政可承受能力评估，防范民生领域过高承诺、过度保障等风险。

16 什么是财政可持续性？如何度量？

　　财政可持续性的内涵有狭义与广义之分。狭义财政可持续性关注财政自身运行状况，从政府债务角度定义财政可持续性，即政府债务可持续性。目前有三类代表性观点：一是维持平衡。该类观点认为在未来任何一个时期都能够实现经济增长并保持财政收支平衡，那么政府债务就是可持续的。二是债务融资。该类观点认为只要政府能够举借到新的债务，那么政府债务就是可持续的。三是债务偿还。该类观点认为只要政府能够在未来如期偿还债务，不发生债务违约事件，那么债务就是可持续的。广义财政可持续性则关注财政能否履行其经济社会职能，将财政可持续性定义为政府能长期保持财政收支平衡，并能保障财政职能顺利履行。需强调的是，此处的"长期财政收支平衡"并非年度财政收支平衡，而是长期动态收支平衡。

　　财政可持续性反映了国家财政的存续状态，其强弱关系到作为财政职能作用的发挥，进而关系到国家发展战略实现、各级政府职能履行、经济和社会发展等重大问题。2009年至今，我国连续多年实施积极的财政政策，与之相伴的是财政赤字不断扩大，政府债务规模急剧扩张，债务利息占政府综合财力的比重持续上升。这些问题的存在对财政带来重大挑战，实现经济社会目标和增强财政可持续性之间的矛盾日益凸显。正因为如此，2021 年、2022 年和 2024 年《政府工作报告》均提出财政可持续，财政可持续性问题越来越引起社会广泛关注。

目前，度量财政可持续性的方法可归为以下五类。

指标体系法。即通过单一指标或者指标体系判断财政是否可持续。单一指标如负债率、债务率、债务负担率等。指标体系包括基本缺口指标、税收缺口指标、融资缺口指标等。总体而言，指标体系法利用现有经济数据和财政数据预测未来财政运行状况，其缺点是未使用明确的经济模型，并且结论严重受到指标设定的影响。

财政收支协整方法。财政收支协整方法判断财政可持续性的基本思路是：如果财政支出与财政收入存在共同的变化趋势，那么短期内的财政不均衡现象将最终趋于消失。根据跨期预算约束理论，当财政支出与财政收入同向变动（统计上存在协整关系）时，财政是可持续的。

财政反应函数法。财政反应函数法判断财政可持续性的基本思路是：政府会通过增加财政盈余来应对规模持续上升的政府债务，以此维持财政可持续性。但受经济、社会、政治等因素的影响，政府调节财政盈余的能力是有限的。当政府债务率超过经济体所能承受的上限时，财政盈余便无法随之改善，只会出现恶化。此时，财政不可持续。

动态随机一般均衡法（Dynamic Stochastic General Equilibrium, DSGE）。以上三种方法及下面的联立方程模型法，均基于历史数据来判断财政可持续性。然而，经济社会变化带来的挑战是面向未来的，举例来说，经济结构变化、人口老龄化影响的是未来财政收支和财政职能履行情况。因此，财政可持续性必须保持一定的预判性，基于历史数据的分析存在局限性。DSGE 模型具有动态性、随机性和一般性特征，可以在对未来经济社会变化作出判断的基础上，基于不同场景研究经济主体跨期最优决策，考察经济系统不同变量的动态变化与响应。

联立方程模型法。该方法主要依据凯恩斯主义宏观经济学理论，利用多个方程的联立模型来描述国民经济运行，常被用于经济结构分析、经济预测和经济政策评价。联立方程模型法在 20 世纪 60 年代盛极一时，然而 70 年代部分国家经济陷入"滞胀"，以及"卢卡斯批判"的出现，联立方程模型法受到批判。公众的理性预期使经济主体改变行为模式，模型中预先设定好的参数并不是一成不变的。受"卢卡斯批判"影响，宏观经济学随后发展出包含理性预期和跨时最优的动态随机一般均衡模型。当前，少有文献采用联立方程模型法检验财政可持续性。

● 知识链接　未来中国财政可持续性面临的挑战

财政可持续性面临四方面挑战：一是财政减收增支。如大规模减税降费政策、土地出让收入不稳定、地方政府债务还本付息压力增加等。二是经济增长速度放缓。在新发展格局尚未完全建立的一段时期内，经济增速将继续保持中低速水平。三是人口老龄化程度加深。人口老龄化从财政收支两端同时弱化财政可持续性。四是发展方式绿色转型。财政需对绿色发展战略提供财力保障。

篇 二

财政政策工具

财政收入政策有哪些?

财政收入政策是政府为了增加财政收入、调节经济运行、实现宏观经济调控而采取的一系列措施和政策。财政收入政策包括税收政策、非税收入政策等形式。税收政策是指政府通过税收来调节经济运行、增加财政收入的政策，包括减税、免税、延期纳税、出口退税、再投资退税、即征即退、先征后返、税收抵免、加计扣除等。举例来说，减税及免税政策如《关于增值税小规模纳税人减免增值税政策的公告》提出，对月销售额 10 万元以下（含本数）的增值税小规模纳税人，免征增值税。增值税小规模纳税人适用 3% 征收率的应税销售收入，减按 1% 征收率征收增值税；适用 3% 预征率的预缴增值税项目，减按 1% 预征率预缴增值税。

非税收入政策包括免征、减免、抵免等政策。举例来说，免征类政策如《关于扩大有关政府性基金免征范围的通知》提出，将免征教育费附加、地方教育附加、水利建设基金的范围，由现行按月纳税的月销售额或营业额不超过 3 万元（按季度纳税的季度销售额或营业额不超过 9 万元）的缴纳义务人，扩大到按月纳税的月销售额或营业额不超过 10 万元（按季度纳税的季度销售额或营业额不超过 30 万元）的缴纳义务人。减免类政策如《关于进一步实施小微企业"六税两费"减免政策的公告》提出，自 2022 年 1 月 1 日至 2024 年 12 月 31 日，对增值税小规模纳税人、小型微利企业和个体工商户可以在 50% 的税额幅度内减征资源税、城市维护建设税、房产税、城镇土地使用税、印花税（不含证券交易印花税）、耕地占用税和教育费附加、地方教育附加。抵免类政策如《关于增值税期末留抵退税有关城市维护建设税教育费附加和地方教育附加政策的通知》提出，对实行增值税期末留抵退税的纳税人，允许其从城市维护建设税、教育费附加和地方教育附加的计税（征）依据中扣除退还的增值税税额。

财政收入政策对于经济发展具有重要的作用和意义，财政收入政策的实施可以调节经济运行、增加财政收入、促进经济发展。一是调节经济运行。财政收入政策可以通过税收、非税收入等手段来调节经济运行。例如，通过调整税收税率、减免税收等方式来调整市场供求关系，达到稳定经济运行的目的。二是增加财政收入。财政收入政策可以通过增加税收种类、调整税收税率等方式来增加财政收入，从而为发展提供资金保障。三是促进经济发展。财政收入政策可以通过政府投资收益政策如将政府投资收益用于基础设施建设等，从而促进经济发展。

财政支出政策有哪些？

财政支出是政府为提供公共产品和服务，满足社会共同需要而进行的财政资金的支付。财政政策的本质是国家实现宏观调控目标的政策工具，就支出领域而言，财政支出政策通过改变支出结构、规模及水平来达到促进经济社会全面发展的目标。财政支出主要包括消费性支出和生产性支出。消费性支出包括政府购买和转移性支出两大部分，其中，转移性支出主要包括社会保障支出和财政补贴；生产性支出是国家财政用于同社会生产直接有关的各项支出，包括生产性基本建设投资、支援农业支出、国家物资储备支出等，反映了财政的生产建设性。财政支出政策是指国家制定的、指导财政支出分配活动和处理有关财政支出分配关系的基本方针和准则，具体表现为各类财政支出项目或基于共同政策目标的各类财政支出项目组合。

以针对生态保护的财政支出政策为例，它的政策工具十分丰富，包括专项转移支付、山水林田湖生态修复、水污染防治、大气污染防治、重点生态功能区保护、流域补偿等支出。具体地说，生态保护领域的财政支出政策包括《关于加快建立流域上下游横向生态保护补偿机制的指导意见》《水污染防治专项资金绩效评价办法》《中央对地方重点生态功能区转移支付办法》《大气污染防治资金管理办法》《林业生态保护恢复资金管理办法》《关于推进山水林田湖生态保护修复工作的通知》。

再如，针对新能源产业的财政支出政策主要包括财政补贴、提供贷款贴息、可再生能源发展专项资金等。具体地说，在国家对新能源产业发展的支持中，财政补贴占较大部分，包括技术研发补助、设备产业化支持、新能源发电上网补贴、新能源产品消费补贴，如2009年财政部、住房和城乡建设部发布的《关于加快推进太阳能光电建筑应用的实施意见》提出，中央财政安排专门支出资金，对符合条件的光电建筑应用示范工程予以补助。2015年《可再生能源发展专项资金管理暂行办法》规定，可再生能源发展专项资金，即通过中央预算安排，用于支持可再生能源和新能源开发利用的专项资金。

19 服务于供给侧结构性改革的财政政策有哪些？

供给侧结构性改革是从提高供给质量出发，用改革的办法推进结构调整，矫正要素配置扭曲，扩大有效供给，提高供给结构对需求变化的适应性和灵活性，提高全要素生产率，更好满足广大人民群众的需要，促进经济社会持续健康发展。供给侧结构性改革旨在调整经济结构，使要素实现最优配置，提升经济增长的质量和数量。

财政政策能够通过减轻企业的税费负担、降低实体经济的运行成本，充分鼓励、支持创新两个方面，为供给侧结构性改革提供直接且有效的助力。

减轻企业的税费负担、降低实体经济的运行成本。

在供给侧结构性改革的背景下，财政政策方面通过"营改增"、消费税改革、资源税改革、清理规范行政事业性收费与政府性基金等提高税收征管效能，减轻企业的税费负担，降低实体经济的运行成本，为供给侧结构性改革提供直接助力。

全面推开"营改增"。2016 年 5 月 1 日起，全面推开"营改增"，将建筑业、房地产业、金融业和生活服务业全部纳入"营改增"范围，实行不动产进项税抵扣，较大幅度地减轻企业税收负担。

继续推进消费税改革。通过继续推进消费税改革，调整消费税征收范围、征收环节和征收税率，配合国家产业结构调整、节能降耗与消费升级，优化产业结构和消费结构。

全面推行资源税改革。全面推行资源税从价计征改革，清理资源税相关收费基金，开展水资源费改税试点，加大清费立税的力度，进一步减轻企业税收负担。

清理规范行政事业性收费与政府性基金。《关于 2015 年中央和地方预算执行情况与 2016 年中央和地方预算草案报告》显示，2015 年度，通过深入开展涉企收费专项清理规范工作，对小微企业免征 42 项行政事业性收费，取消或暂停征收 57 项中央级行政事业性收费。2017 年财政部、国家发展改革委印发的《关于清理规范一批行政事业性收费有关政策的通知》指出，自 2017 年 4 月 1 日起，取消或停征 41 项中央设立的行政事业性收费，将商标注册收费标准降低 50%。2023 年，中央设立的行政事业性收费已减少至 50 项，减幅约 70%。

充分鼓励、支持创新。

通过用好税收优惠，鼓励科技创新，加大重点支出，落实创新驱动发展战略，从"收"与"支"两个方面激发微观主体的创新活力，为供给侧结构性改革提供有效助力。

"收"的方面：用好税收优惠，鼓励科技创新。一方面，落实现有的鼓励科技创新的优惠政策，如研发费用加计扣除企业所得税政策等一系列扶持政策；另一方面，进一步完善税收优惠政策，适当扩大现有部分税收优惠政策的适用范围。

"支"的方面：加大重点支出，落实创新驱动发展战略。如大力支持自然科学基金、科技重大专项和重点研发计划，对体现国家战略意图的重大科技任务进行重点扶持。

除此之外，在为供给侧结构性改革提供助力的同时，财政政策也可以在总需求管理上发挥重要作用，辅助供给侧结构性改革的开展。国际经验证明，一些国家在供给侧改革的同时易产生紧缩效应，甚至陷入"债务—通缩"的螺旋。这就要求我国在推进供给侧结构性改革的同时，还要关注并使用总需求管理的政策手段。供给侧管理与需求侧管理是宏观调控的两个重要方面，不可偏废。

 服务于宏观经济稳定目标的财政政策有哪些?

财政政策是宏观经济调控的重要手段，近几年积极的财政政策持续显效，为稳定宏观经济提供了支撑。服务于宏观经济稳定目标的财政政策包括以下几个方面。

科学确定赤字率水平，保持适度支出强度。赤字率是宏观政策的一个重要风向标。习近平总书记强调："宏观调控必须适应发展阶段性特征和经济形势变化，该扩大需求时要扩大需求，该调整供给时要调整供给，相机抉择，开准药方。"① 近几年，通过合理安排赤字规模，全国一般公共预算支出保持较大力度，从2012 年的 12.6 万亿元增加到 2023 年的 27.5 万亿元，保障了国

---

① 《习近平著作选读》第二卷，人民出版社 2023 年版，第 64 页。

家重大战略和民生政策的落实。

优化减税降费政策，支持实体经济发展。税收是政府收入的基本形式，减税降费兼具需求管理和供给管理属性，既能扩大总需求、激发市场活力，又能促进产业结构升级、提升潜在增长率。习近平总书记强调："减税降费政策措施要落地生根，让企业轻装上阵。"① 近几年的减税降费政策有一个明显特点，就是制度性安排与阶段性政策相结合，既立足长远深化税制改革，又着眼当下强化税收政策调节，接连打出"营改增"、个人所得税改革、大规模增值税留抵退税、清理规范收费和基金等政策"组合拳"。

管好用好专项债券，发挥政府投资引导带动作用。在政府投资工具中，专项债券既是实施宏观调控的重要财政工具，也是地方政府补短板、增后劲、带动扩大有效投资的重要手段。习近平总书记强调"通过政府投资和政策激励有效带动全社会投资""政府投资必须发挥好引导作用，这是应对经济周期性波动的有力工具"。②2018—2022 年，我国累计新增安排专项债券 14.6 万亿元，支持了一大批水利、交通、能源、环保等领域重大项目建设。2023 年安排新增专项债券 3.8 万亿元，比 2022 年增加 1500 亿元，充分考虑各地财力状况、债务风险水平等因素，重点向经

① 《国家主席习近平发表二〇一九年新年贺词》，《人民日报》2019 年 1 月 1 日。
② 习近平：《当前经济工作的几个重大问题》，《求是》2023 年第 4 期。

济大省和使用效益好的地区倾斜，优先支持成熟度高的项目和在建项目，不"撒胡椒面"。

扩大实施社保费缓缴政策，加大稳岗支持力度。在确保各项社会保险待遇按时足额支付的前提下，对符合条件地区生产经营出现暂时困难的中小微企业、以单位方式参保的个体工商户，阶段性缓缴三项社会保险单位缴费部分。优化失业保险稳岗返还政策，进一步提高返还比例，将大型企业稳岗返还比例由30%提至50%。拓宽失业保险补助受益范围，由中小微企业扩大至无法正常经营的所有参保企业。企业招用毕业年度高校毕业生，签订劳动合同并参加失业保险的，可按每人不超过1500元的标准，发放一次性扩岗补助等。

除了上述政策工具外，财政部还综合运用其他政策工具进行调节，包括转移支付、政府采购、财政贴息等。比如，政府采购规模一般占到GDP的10%—15%，是国内市场最大的采购主体。针对中小企业在采购活动中相对弱势的情况，财政部制定出台预留份额政策，专门面向中小企业采购。2018—2022年，授予中小企业的政府采购合同占政府采购总金额的75%左右，为中小企业提供了稳定支持。再如，财政部推动基本建成包括国家融资担保基金、省级再担保机构、市县政府性融资担保机构在内的政府性融资担保体系，撬动更多金融资源流向中小微企业，缓解融资难、融资贵问题。

服务于"六稳"和"六保"的财政政策有哪些?

2018 年我国经济发展的外部环境发生明显变化,经济运行在稳中有进的总体形势下出现了稳中有变的态势。中共中央政治局根据形势变化于 7 月 31 日召开会议,首次提出"六稳",即稳就业、稳金融、稳外贸、稳外资、稳投资、稳预期。2020 年伊始,突如其来的新冠疫情严重冲击我国经济,造成经济增长不稳、经济主体陷入危机、金融风险加大、内外经济失衡的严重影响。中共中央政治局于 4 月 17 日召开会议,首次提出"六保",即保居民就业、保基本民生、保市场主体、保粮食能源安全、保产业链供应链稳定、保基层运转。做好"六稳"工作、落实"六保"任务至关重要。"六保"是我们应对各种风险挑战的重要保证。

财政作为国家治理的基础和重要支柱,可为"六稳""六保"提供坚实的财力保障和制度支撑。2020 年 2 月,党中央作出了"积极的财政政策要更加积极有为,稳健的货币政策要更加灵活适度"的政策调整,财政政策的作用更加突出。国家层面实施了积极的财政政策,具体体现为:赤字率首次提高到 3.6% 以上,有效对冲疫情造成的财政减收增支影响,稳定提振市场信心;发行抗疫特别国债 1 万亿元,增加地方可用财力,弥补财政缺口,主要用于地方公共卫生建设和抗疫相关支出，并预留部分资金用于解决基层特殊困难；安排地方新增专项债券 3.75 万亿元，有效支持补短板、惠民生、促消费、扩内需，对冲经济下行压力；加大减税降费力度，对冲企业经营困难。

为实现"六稳"和"六保"，财政政策可以从以下几个方面发力：（1）增加财政支出。加大对基础设施建设、民生保障、科技创新等方面的投入，以稳定经济增长、促进就业和保障民生。（2）优化财政支出结构。突出重点领域，如医疗卫生、教育、社会保障等，加大对弱势群体的支持力度，确保"六保"目标的实现。（3）提高财政资金使用效率。优化财政资金使用方式，加强财政项目管理和监督，确保资金使用效益最大化。（4）灵活运用财政政策工具。根据经济形势变化，采取积极的财政政策措施，如适时实施减税降费、加大财政补贴力度等，促进企业发展和市场活力。（5）加强财政风险防控。注意防范和化解地方政府债务风险、财政赤字风险等，保持财政政策的稳健性和可持续性。

服务于中小微企业的财政政策有哪些?

改革开放以来，中小微企业在推动我国经济增长和提供就业岗位方面发挥着不可替代的作用。随着我国经济进入高质量发展阶段，许多中小微企业面临融资困难、经营成本高等问题，严重影响了中小微企业的发展，因此通过财政政策促进中小微企业稳定发展具有必要性。支持中小微企业发展的财政政策工具包括税收减免、政府采购、财政补贴等。

税收减免能够有效地在短时内增加中小微企业的利润，激发中小微企业投资的积极性，提高中小微企业的竞争力。如2012年4月国务院发布的《关于进一步支持小型微型企业健康发展的意见》指出"落实支持小型微型企业发展的各项税收优惠政策"。2021年11月国务院办公厅发布的《关于进一步加大对中小企业纾困帮扶力度的通知》指出"进一步推进减税降费。深入落实月销售额15万元以下的小规模纳税人免征增值税、小型微利企业减征所得税、研发费用加计扣除、固定资产加速折旧、支持科技创新进口等税收优惠政策。制造业中小微企业按规定延缓缴纳2021年第四季度部分税费。研究适时出台部分惠企政策到期后的接续政策。持续清理规范涉企收费，确保政策红利落地"。

政府采购主要是政府作为行为主体在市场机制中进行相应的采购。一般而言，政府的采购通常都具有一定的规模性，对区域性的市场经济具有重要的刺激作用。政府通过加大对中小微企业的政府采购，可以较大地增加中小微企业的营业性收入，提高中小微企业的利润。如《关于进一步支持小型微型企业健康发展的意见》明确提出"政府采购支持小型微型企业发展。负有编制部门预算职责的各部门，应当安排不低于年度政府采购项目预算总额 18% 的份额专门面向小型微型企业采购。在政府采购评审中，对小型微型企业产品可视不同行业情况给予 6%—10% 的价格扣除"等措施。2020 年 12 月，财政部、工业和信息化部印发《政府采购促进中小企业发展管理办法》，该管理办法明确提出要发挥政府采购政策功能，促进中小微企业发展，具体政策包括"采购人在政府采购活动中应当通过加强采购需求管理，落实预留采购份额、价格评审优惠、优先采购等措施，提高中小企业在政府采购中的份额，支持中小企业发展"等。

财政补贴是政府为了帮助中小企业发展给予的财政补贴，如《关于进一步加大对中小企业纾困帮扶力度的通知》对生产经营暂时面临困难但产品有市场、项目有前景、技术有竞争力的中小企业，以及劳动力密集、社会效益高的民生领域服务型中小企业（如养老托育机构等）给予社保补贴等，帮助企业应对原材料价格上涨、物流及人力成本上升等压力。同时落实失业保险稳岗返还及社保补贴、培训补贴等减负稳岗扩就业政策，支持中小企业稳定岗位，更多吸纳高校毕业生等重点群体就业。

❯ 知识链接　中小微企业的划分标准

根据《中小企业划型标准规定》，中小企业划分为中型、小型、微型三种类型，具体标准根据企业从业人员、营业收入、资产总额等指标，结合行业特点制定。各行业划型标准如下。

（1）农、林、牧、渔业。营业收入 20000 万元以下的为中小微型企业。其中，营业收入 500 万元及以上的为中型企业，营业收入 50 万元及以上的为小型企业，营业收入 50 万元以下的为微型企业。

（2）工业。从业人员 1000 人以下或营业收入 40000 万元以下的为中小微型企业。其中，从业人员 300 人及以上，且营业收入 2000 万元及以上的为中型企业；从业人员 20 人及以上，且营业收入 300 万元及以上的为小型企业；从业人员 20 人以下或营业收入 300 万元以下的为微型企业。

（3）建筑业。营业收入 80000 万元以下或资产总额 80000 万元以下的为中小微型企业。其中，营业收入 6000 万元及以上，且资产总额 5000 万元及以上的为中型企业；营业收入 300 万元及以上，且资产总额 300 万元及以上的为小型企业；营业收入 300 万元以下或资产总额 300 万元以下的为微型企业。

（4）批发业。从业人员 200 人以下或营业收入 40000 万元以下的为中小微型企业。其中，从业人员 20 人及以上，且营业收入 5000 万元及以上的为中型企业；从业人员 5 人及以上，且营业收入 1000 万元及以上的为小型企业；

从业人员 5 人以下或营业收入 1000 万元以下的为微型企业。

（5）零售业。从业人员 300 人以下或营业收入 20000 万元以下的为中小微型企业。其中，从业人员 50 人及以上，且营业收入 500 万元及以上的为中型企业；从业人员 10 人及以上，且营业收入 100 万元及以上的为小型企业；从业人员 10 人以下或营业收入 100 万元以下的为微型企业。

（6）交通运输业。从业人员 1000 人以下或营业收入 30000 万元以下的为中小微型企业。其中，从业人员 300 人及以上，且营业收入 3000 万元及以上的为中型企业；从业人员 20 人及以上，且营业收入 200 万元及以上的为小型企业；从业人员 20 人以下或营业收入 200 万元以下的为微型企业。

（7）仓储业。从业人员 200 人以下或营业收入 30000 万元以下的为中小微型企业。其中，从业人员 100 人及以上，且营业收入 1000 万元及以上的为中型企业；从业人员 20 人及以上，且营业收入 100 万元及以上的为小型企业；从业人员 20 人以下或营业收入 100 万元以下的为微型企业。

（8）邮政业。从业人员 1000 人以下或营业收入 30000 万元以下的为中小微型企业。其中，从业人员 300 人及以上，且营业收入 2000 万元及以上的为中型企业；从业人员 20 人及以上，且营业收入 100 万元及以上的为小型企业；从业人员 20 人以下或营业收入 100 万元以下的为微型企业。

(9) 住宿业。从业人员 300 人以下或营业收入 10000 万元以下的为中小微型企业。其中，从业人员 100 人及以上，且营业收入 2000 万元及以上的为中型企业；从业人员 10 人及以上，且营业收入 100 万元及以上的为小型企业；从业人员 10 人以下或营业收入 100 万元以下的为微型企业。

(10) 餐饮业。从业人员 300 人以下或营业收入 10000 万元以下的为中小微型企业。其中，从业人员 100 人及以上，且营业收入 2000 万元及以上的为中型企业；从业人员 10 人及以上，且营业收入 100 万元及以上的为小型企业；从业人员 10 人以下或营业收入 100 万元以下的为微型企业。

(11) 信息传输业。从业人员 2000 人以下或营业收入 100000 万元以下的为中小微型企业。其中，从业人员 100 人及以上，且营业收入 1000 万元及以上的为中型企业；从业人员 10 人及以上，且营业收入 100 万元及以上的为小型企业；从业人员 10 人以下或营业收入 100 万元以下的为微型企业。

(12) 软件和信息技术服务业。从业人员 300 人以下或营业收入 10000 万元以下的为中小微型企业。其中，从业人员 100 人及以上，且营业收入 1000 万元及以上的为中型企业；从业人员 10 人及以上，且营业收入 50 万元及以上的为小型企业；从业人员 10 人以下或营业收入 50 万元以下的为微型企业。

(13) 房地产开发经营。营业收入 200000 万元以下或资产总额 10000 万元以下的为中小微型企业。其中，营业收入 1000 万元及以上，且资产总额 5000 万元及以上的为中型企业；营业收入 100 万元及以上，且资产总额 2000 万元及以上的为小型企业；营业收入 100 万元以下或资产总额 2000 万元以下的为微型企业。

（14）物业管理。从业人员 1000 人以下或营业收入 5000 万元以下的为中小微型企业。其中，从业人员 300 人及以上，且营业收入 1000 万元及以上的为中型企业；从业人员 100 人及以上，且营业收入 500 万元及以上的为小型企业；从业人员 100 人以下或营业收入 500 万元以下的为微型企业。

（15）租赁和商务服务业。从业人员 300 人以下或资产总额 120000 万元以下的为中小微型企业。其中，从业人员 100 人及以上，且资产总额 8000 万元及以上的为中型企业；从业人员 10 人及以上，且资产总额 100 万元及以上的为小型企业；从业人员 10 人以下或资产总额 100 万元以下的为微型企业。

（16）其他未列明行业。从业人员 300 人以下的为中小微型企业。其中，从业人员 100 人及以上的为中型企业；从业人员 10 人及以上的为小型企业；从业人员 10 人以下的为微型企业。

23 服务于高新技术企业的财政政策有哪些?

服务于高新技术企业的财政政策主要包括企业所得税优惠政策、增值税优惠政策和其他税收优惠政策。具体地说,服务于高新技术企业的企业所得税优惠政策如下:(1)《中华人民共和国企业所得税法》第二十八条第二款规定,"国家需要重点扶持的高新技术企业,减按 15% 的税率征收企业所得税"。(2)2023 年财政部、国家税务总局发布的《关于进一步完善研发费用税前加计扣除政策的公告》规定,"企业开展研发活动中实际发生的研发费用,未形成无形资产计入当期损益的,在按规定据实扣除的基础上,自 2023 年 1 月 1 日起,再按照实际发生额的 100% 在税前加计扣除;形成无形资产的,自 2023 年 1 月 1 日起,按照无形资产成本的 200% 在税前摊销"。其余相关政策有《关于高新技术企业境外所得适用税率及税收抵免问题的通知》《关于软件和集成电路产业企业所得税优惠政策有关问题的通知》《关于延长高新技术企业和科技型中小企业亏损结转年限的通知》等。

服务于高新技术企业的增值税优惠政策如下:(1)为促进软件产业发展,推动我国信息化建设,《关于软件产品增值税政策的通知》规定,"增值税一般纳税人销售其自行开发生产的软件产品,按 17%税率征收增值税后,对其增值税实际税负超过 3%的部分实行即征即退政策"。(2)《关于先进制造业企业增值税加计抵减政策的公告》规定,"自 2023 年 1 月 1 日至 2027 年 12 月 31 日,允许先进制造业企业按照当期可抵扣进项税额加计 5%抵减应纳增值税税额"。

服务于高新技术企业的其他税收优惠政策有:(1)高新技术企业进口设备、零部件和原材料等,可以享受关税的减免或免税政策,降低企业的生产成本。(2)对于符合条件的高新技术企业,可以享受土地使用税的优惠政策,即土地使用税的减免或免征。(3)对于符合条件的高新技术企业,可以享受城镇土地使用税和房产税的减免或免征政策。(4)对于高新技术企业的高端人才,可以享受个人所得税的优惠政策。

› 知识链接　高新技术企业的认定办法

　　根据《高新技术企业认定管理办法》,高新技术企业是指,在《国家重点支持的高新技术领域》内,持续进行研究开发与技术成果转化,形成企业核心自主知识产权,并以此为基础开展经营活动,在中国境内(不包括港、澳、台地区)注册的居民企业。国家重点支持的高新技术领域包括电子信息、生物与新医药、航空航天、新材料、高技术服务、新能源与节能、资源与环境、先进制造与自动化。各行业详细内容见《国家重点支持的高新技术领域》。

24 服务于农业农村的财政政策有哪些?

服务于农业农村的财政政策内容主要包括粮食生产支持、耕地保护与质量提升、种业创新发展、畜牧业健康发展、农业资源保护利用、农村人居环境整治等。

具体来说,粮食生产支持相关财政政策主要包括:(1)实际种粮农民一次性补贴。为适当弥补农资价格上涨增加的种粮成本支出,保障种粮农民合理收益,中央财政近几年持续对实际种粮农民发放一次性农资补贴,释放支持粮食生产积极信号,稳定农民收入,调动农民种粮积极性。(2)农机购置与应用补贴。开展农机购置与应用补贴试点,开展常态化作业信息化监测,优化补贴兑付方式,把作业量作为农机购置与应用补贴分步兑付的前置条件,为全面实施农机购置与应用补贴政策夯实基础。(3)玉米大豆生产者补贴、稻谷补贴和产粮大县奖励。我国近几年持续实施玉米和大豆生产者补贴、稻谷补贴和产粮大县奖励等政策，巩固农业供给侧结构性改革成效，保障国家粮食安全。

耕地保护与质量提升相关财政政策主要包括：（1）耕地地力保护补贴。补贴对象原则上为拥有耕地承包权的种地农民，补贴资金通过"一卡（折）通"等形式直接兑现到户，严禁任何方式统筹集中使用，严防"跑冒滴漏"，确保补贴资金不折不扣发放到种地农民手中。（2）耕地质量保护与提升。在部分耕地酸化、盐碱化较严重区域，试点集成推广施用土壤调理剂、绿肥还田、耕作压盐、增施有机肥等治理措施。

支持种业创新发展的财政政策有"制种大县奖励"，扩大水稻、小麦、玉米、大豆、油菜制种大县支持范围，将九省棉区棉花制种大县纳入奖励范围，提高农作物良种覆盖面，提升核心种源保障能力，促进种业转型升级，实现高质量发展。

支持畜牧业健康发展的财政政策有"生猪（牛羊）调出大县奖励"，包括生猪调出大县奖励、牛羊调出大县奖励和省级统筹奖励资金。生猪调出大县奖励资金和牛羊调出大县奖励资金由县级人民政府统筹安排，用于支持本县生猪（牛羊）生产流通和产业发展；省级统筹奖励资金由省级人民政府统筹安排，用于支持本省（自治区、直辖市）生猪（牛羊）生产流通和产业发展。

支持农业资源保护利用的财政政策有"草原生态保护补助奖励"，在河北、山西、内蒙古、辽宁、吉林、黑龙江、四川、云南、西藏、甘肃、青海、宁夏、新疆13个省（自治区、直辖市）实施草原生态保护补助奖励政策，补奖资金用于支持实施草原禁牧、推动草畜平衡，有条件的地方可用于推动生产转型，提高草原畜牧业现代化水平，"渔业发展补助"聚焦渔业资源养护、纳入国家规划的重点项目及促进渔业安全生产等方面，重点支持建设国家级海洋牧场、现代渔业装备设施，以及国家级沿海渔港经济区、远洋渔业基地等公益性基础设施更新改造和整治维护，开展集中连片内陆养殖池塘标准化改造和尾水治理，实施渔业资源调查养护和国际履约能力提升奖补等。

支持农村人居环境整治的财政政策有"因地制宜推进农村改厕"，支持实施农村厕所革命整村推进财政奖补政策，分类有序推进农村厕所革命。充分发挥农民群众主体作用，加强农村改厕和农村生活污水治理统筹衔接，着力建立健全运行管护机制，切实提高农村改厕质量，务求长效管用。

我国如何实施逆周期调控？

逆周期调控是一种宏观审慎政策，在经济周期中采取相反方向的政策手段，熨平经济运行中的过度周期性波动，降低由此积累的系统性风险。在经济低迷时，通过增加投资、降低利率等手段来提振经济；在经济过热时，则收紧货币政策，采取增加贷款利率等手段。

实施逆周期调控需要采取一系列综合性的政策措施，具体来说，包括以下几种。

财政政策。实施积极的财政政策，通过增加政府支出、减少税收等措施刺激经济增长。2024年《政府工作报告》提出，2024年，积极的财政政策要适度加力、提质增效。在经济过冷时，加大财政赤字规模，增加公共投资，如基础设施建设等，以刺激需求；在经济过热时，适当减少财政支出，控制债务规模。

货币政策。实施稳健的货币政策，通过调节货币供应量和利率等工具来影响经济。2024年《政府工作报告》提出，稳健的货币政策要灵活适度、精准有效。在经济过冷时，可以降低利率、增加货币供应量等，以降低融资成本，刺激投资和消费；在经济过热时，则应提高利率、减少货币供应量等，以控制通货膨胀和资产泡沫。

行业政策。对于某些特定的行业或领域，采取有针对性的逆周期调控措施。在经济过冷时，可以鼓励新兴产业发展，推动科技创新和产业升级；在经济过热时，则应加强对房地产市场的调控，限制高耗能、高污染行业的扩张。

监管政策。加强金融监管，防范金融风险。在实施逆周期调控的同时，加强对金融机构的监管，防止金融市场的过度投机和风险积累。此外，建立逆周期的资本缓冲机制，在经济繁荣时积累资本，在经济衰退时提供缓冲。

通过政策工具和措施，熨平经济周期的波动，降低经济风险，促进经济发展。逆周期调控有助于缓解经济下行压力，稳定市场预期，保持经济增长的可持续性。通过逆周期调控，政府可以更好地应对经济波动，避免经济出现过度的扩张或紧缩，从而确保经济在合理区间内运行。通过逆周期调控，政府可以及时发现和化解潜在的金融风险点，从而有效维护金融市场的稳定。

我国如何实施跨周期调控？

跨周期调控，全称"宏观政策跨周期调节"，是我国在"十四五"规划纲要中提出的一个概念。它指的是实施财政政策和货币政策时，并不局限于某一个经济周期，而是从数个经济周期的角度来施策，从而实现经济的短期平稳运行。

完善宏观经济监测体系。实行跨周期调控的基础是对宏观经济进行全面、准确、及时的监测。加强统计和数据监测工作，建立较为完善的统计指标体系和数据监测机制，有利于政府及时掌握经济运行情况，为政策制定和调整提供科学依据。

加强政策协调与配合。 跨周期调控需要各政策之间的协调与配合，包括财政政策、货币政策、产业政策等。在制定政策时，需要加强各部门的沟通和协作，确保政策的一致性和连贯性。2023 年中央经济工作会议指出，加大宏观政策调控力度，加强各类政策协调配合，形成共促高质量发展合力。

建立逆周期调节机制。 逆周期调节是跨周期调控的重要组成部分，旨在熨平经济波动。要建立逆周期调节机制，通过适时调整财政政策和货币政策等工具，实现对经济周期的主动调节。

推进结构性改革。 结构性改革是实现跨周期调控的重要途径之一。要通过推进供给侧结构性改革，优化要素配置和产业结构，提高全要素生产率。同时，加强创新驱动发展，推动新旧动能转换，培育新的经济增长点。

注重预期管理。 预期管理是跨周期调控的重要手段之一。要加强与市场沟通，及时发布政策信息，稳定市场情绪。通过预期管理，引导市场预期朝着政策目标方向发展，降低经济波动的幅度和频率。建立健全政府与各类企业的常态化沟通交流机制。

建立健全政策评估机制。 政策评估是跨周期调控的重要环节之一。要建立健全政策评估机制，对政策实施效果进行全面、客观、科学的评估。通过评估，及时发现政策存在的问题和不足之处，为政策调整和完善提供依据。同时，注重评估结果的反馈和应用，不断完善和优化政策体系。

❯ 知识链接 **实施跨周期调控的目的**

　　实施跨周期调控的目的是应对复杂的国内外经济环境和长期的结构性问题，实现经济的平稳健康运行和可持续发展。跨周期调控的核心在于从更长远的视角来制定和调整宏观经济政策，以解决产业结构调整、人口老龄化、系统性风险等长期问题。这种调控方式强调宏观政策设计要适应国家总体战略的需要，促进创新和完善宏观调控，有效应对日益复杂严峻的国内外经济环境。

27 如何理解逆周期和跨周期宏观调控相结合？

　　逆周期与跨周期是两种典型的宏观调控模式。从具体思路看，逆周期调控针对的是影响经济趋势的短期负面因素，是指通过及时采取逆向举措来对冲和消除负面影响进而实现稳定经济目标的调控模式。相比之下，跨周期调控则立足于系统思维，针对的是制约经济发展的主要难题，强调宏观调控应始终围绕影响周期的长期因素来持续发力。二者各有所长、互为支撑，不断提高协调运用二者破解周期难题的能力，有助于加快完善科学有效的宏观调控体系。

　　一方面，协调推进逆周期和跨周期调控是应对现实经济难题的必然要求。伴随着全球产业分工和区域分工程度的逐步提高，影响甚至决定一个国家经济发展的因素越来越多元化，而这些因素的持续变化及相互影响，必然会给经济发展带来截然不同甚至完全相反的多层次冲击，也将使得现实经济发展问题越来越复杂。在这种背景下，想要同时破解不同发展难题和有效应对经济周期变化，就必须要求宏观调控体系同时具备逆周期和跨周期调控的能力。

　　另一方面，协调推进逆周期和跨周期调控是提高宏观调控能力的必然要求。宏观调控能力是确保宏观调控效果的关键因素。在影响宏观调控能力的诸多因素中，不同调控机制的协调度是重中之重。作为两种主要的调控机制类型，逆周期和跨周期调控是宏观调控体系的主要组成部分，二者既存在明显差异，也具有密切联系，且在实施过程中容易相互作用、相互影响，是决定宏观调控效果的重要变量。可见，提高宏观调控能力，既要提高单独进行逆周期调控和跨周期调控的能力，更要增强协调进行逆周期和跨周期调控的能力。

　　逆周期调控和跨周期调控相结合需要从以下三个角度考虑：第一，统筹考虑逆周期调控和跨周期调控的协同效应。二者应相互配合，形成政策合力，使经济政策更加有效。例如，在经济复苏期，可以通过适度的财政政策和货币政策支持经济增长，同时加大结构性改革力度，提高经济增长质量和效益。第二，加强政策的前瞻性和协调性。政府部门应根据经济形势和政策目标，制定统一的逆周期调控和跨周期调控政策，避免政策之间的冲突和重叠，确保政策的一致性和协同效应。第三，强化监管和风险防范。在实施逆周期调控和跨周期调控政策时，要加强监管，防范金融风险，确保经济稳定增长。

 财政赤字是什么？赤字财政政策有何作用？

　　财政赤字是指年度财政支出大于财政收入的差额，是一种财政收支未能实现平衡的表现。由于会计核算中用红字处理，所以称为财政赤字，也叫预算赤字。

　　赤字财政政策的积极作用。赤字财政政策是在经济运行低谷期使用的一项短期政策。在短期内，经济若处于非充分就业状态，社会的闲散资源并未充分利用时，财政赤字可扩大总需求，带动相关产业的发展，刺激经济回升。在当前世界经济增长乏力的条件下，中国经济能够保持平稳增长态势，扩张性赤字财政政策功不可没。从这个角度说，财政赤字是国家宏观调控的手段，它能有效动员社会资源，积累庞大的社会资本，支持经济体制改革，促进经济的持续增长。实际上财政赤字是国家为实现经济发展、社会稳定等目标，依靠坚实和稳定的国家信用调整和干预经济，是国家在经济调控中发挥作用的一个表现。

赤字财政政策的消极作用。赤字财政政策并不是包治百病的良药。实行扩张性政策，有可能是用进一步加深未来的生产过剩的办法来暂时减轻当前的生产过剩，而生产长期扩张积累的后果可能会导致更猛烈的经济危机的爆发。

财政赤字可能增加政府债务负担，引发财政危机。财政风险指财政不能提供足够的财力致使国家机器的运转遭受严重损害的可能性，当这种可能性转化为现实时，轻者会导致财政入不敷出，重者则会引起财政危机和政府信用的丧失。也就是说，财政赤字规模存在着一个具有客观性质的合理界限，如果赤字规模过大，会引发国家信用危机。

赤字财政政策可能诱发通货膨胀。从某种程度上说，赤字财政与价格水平的膨胀性上升有着固定的关系。在一个社会里，赤字财政导致货币需求总量增加，而现存的商品和劳务的供给量却没有以相同的比例增加，这必然要使经济产生一种通货膨胀缺口，引起价格水平提高。在财政赤字不引起货币供给量增加的情况下，赤字与需求拉上型通货膨胀有直接关系。

知识链接 **当前我国的财政赤字率及其计算方法**

　　2022 年财政赤字率为 2.8%。2023 年财政赤字率原本是按照 3% 来安排的，不过在第四季度，增发了 10000 亿元的国债，使得赤字率从 3% 提高到了 3.8%。2024 年《政府工作报告》提出赤字率拟按 3% 安排。

　　财政赤字率计算公式为：财政赤字率 = 财政赤字 / 国内生产总值 ×100%。

29　弥补财政赤字的方式有哪些?

　　由于世界各国经济社会体制及对财政赤字统计口径的不同，其弥补财政赤字的方式也不尽相同。不过根据通俗的理解，想要弥补财政赤字，无非是开源节流，即要么增加收入，要么减少支出。弥补财政赤字的方式主要包括以下几种。

　　增加税收。政府可以通过宽税基和严征管来增加税收收入，宽税基提供税收来源的增量，而严征管则是对存量税收的严格把控。可以通过提高现有税种的税率或引入新的税种来增加收入。例如，在两次世界大战期间，美国为弥补参战后财政支出的大幅增加，通过提高现有所得税税率的方式增加财政收入。

削减开支。减少政府开支也是一种常见的方法，包括削减社会福利、公共服务、国防开支等。例如，1994 年加拿大的公共债务危机，使联邦政府面临着巨大的预算赤字问题，1995 年加拿大的自由党政府采取了一系列财政紧缩措施。1995—1998 财年，削减政府开支 119 亿加元，大幅缓解了政府赤字危机。

举借债务。政府也可以通过发行债券或从国内外债权人借款，以未来的债务来弥补当期财政赤字。例如，日本政府长期以来一直在发行国债以弥补其财政赤字。这种做法在 21 世纪 20 年代得到了持续和显著的加强，尤其是在应对新冠疫情和社会福利支出增加（由于人口老龄化）的背景下，有效降低了政府当期财政赤字水平。

量化宽松的货币政策。政府可以通过中央银行采取量化宽松的货币政策来应对财政赤字，例如，通过印制更多货币，并配合购买政府债券来为政府支出提供资助。同时货币增发也会稀释政府债务，从侧面减轻政府将来债券到期时的偿债压力。

结构性改革。结构性改革作为一种弥补财政赤字的方法，涉及对国家的经济和行政结构进行一系列根本性改革，以提高效率、促进增长，并增加政府的收入。这些改革的目标通常是改善公共部门的运作效率、促进私营部门的成长，以及优化国家的整体经济结构。

国有资产出售。政府通过一系列国有资产的出售，来缓解其财政困难。在 20 世纪 80 年代至 2000 年初，欧洲如英、法、德、意等国家都有出售国有资产以减轻国家债务从而响应欧盟对财政纪律的要求。

考虑到《中华人民共和国预算法》作为中国财政基本法的权威地位，下面以预算法为依据，分析我国为弥补财政赤字的法律约束。

统计赤字时，官方仅使用一般公共预算的总收支进行计算，并不涵盖其他三本预算（政府性基金预算、国有资本经营预算、社会保险基金预算）的盈余或缺口。因为按照《中华人民共和国预算法》第九条、第十条和第十一条的规定，其他三本预算要做到以收定支或收支平衡，并未赋予其编列赤字的权利。中央预算编列赤字的依据见《中华人民共和国预算法》第三十四条，中央政府弥补赤字的来源为发行国债；地方预算编列赤字的依据见《中华人民共和国预算法》第三十五条，地方政府弥补赤字的来源为发行地方政府债券。

第三十四条　中央一般公共预算中必需的部分资金，可以通过举借国内和国外债务等方式筹措，举借债务应当控制适当的规模，保持合理的结构。

对中央一般公共预算中举借的债务实行余额管理，余额的规模不得超过全国人民代表大会批准的限额。

国务院财政部门具体负责对中央政府债务的统一管理。

第三十五条　地方各级预算按照量入为出、收支平衡的原则编制，除本法另有规定外，不列赤字。

经国务院批准的省、自治区、直辖市的预算中必需的建设投资的部分资金，可以在国务院确定的限额内，通过发行地方政府债券举借债务的方式筹措。举借债务的规模，由国务院报全国人民代表大会或者全国人民代表大会常务委员会批准。省、自治区、直辖市依照国务院下达的限额举借的债务，列入本级预算调整方案，报本级人民代表大会常务委员会批准。举借的债务应当有偿还计划和稳定的偿还资金来源，只能用于公益性资本支出，不得用于经常性支出。

除前款规定外，地方政府及其所属部门不得以任何方式举借债务。

《中华人民共和国预算法》中关于弥补赤字的表述还有：

第六十六条　各级一般公共预算年度执行中有超收收入的，只能用于冲减赤字或者补充预算稳定调节基金。

各级一般公共预算的结余资金，应当补充预算稳定调节基金。

省、自治区、直辖市一般公共预算年度执行中出现短收，通过调入预算稳定调节基金、减少支出等方式仍不能实现收支平衡的，省、自治区、直辖市政府报本级人民代表大会或者其常务委员会批准，可以增列赤字，报国务院财政部门备案，并应当在下一年度预算中予以弥补。

综上可知，除了前述一些国家主要使用的弥补财政赤字手段外，我国对政府债务和财政赤字也有严格要求。

 国债市场的定义及其作用是什么？

　　国债是一种财政收入形式，也是一种有价证券。证券市场是有价证券交易的场所，政府通过证券市场发行和偿还国债，意味着国债进入了交易过程，而在证券市场中进行的国债交易即为国债市场。中央银行通过在二级市场上买卖国债（直接买卖，国债回购、反回购交易）来进行公开市场操作，借此存吐基础货币，调节货币供应量和利率，实现财政政策和货币政策的有机结合。

　　国债市场按照国债交易的层次或阶段可分为两个部分：一是国债发行市场，二是国债流通市场。国债发行市场指国债发行场所，又称国债一级市场或初级市场，是国债交易的初始环节。一般是政府与证券承销机构如银行、金融机构和证券经纪人之间的交易，通常由证券承销机构一次全部买下发行的国债。国债流通市场又称国债二级市场，是国债交易的第二阶段。一般是国债承销机构与认购者之间的交易，也包括国债持有者与政府或国债认购者之间的交易。

　　国债既是财政政策工具，又是货币政策工具，国债市场总的来说具有两种功能：一是实现国债的顺利发行和偿还，二是合理有效地调节资金的运行，提高社会资金的使用效率。

　　国债作为财政政策工具时，国债市场具有顺利实现国债发行和偿还的功能。国债通过国债市场发行，而国债市场的发展是国债顺利发行的必要前提。只有国债市场发展了，债券的流动性得到保证，投资者可以很容易地进入或退出市场，通过频繁的交易形成公平合理的定价，国债的发行才能受到社会的认同和欢迎。通过组建承销团，可以使国债发行逐步规范，提高发行的透明度，规范发行主体和承销机构在国债市场的操作行为，明确各自的权利和义务，保证国债发行的平稳进行。通过推行按季公布发债计划，可以增强发债的透明度，更便于认购者合理安排投资计划，并扩大国债投资者群体。通过市场发行无纸化的记账式国债，可以节省印刷、调运、保管和销毁费用，也有利于从根本上杜绝假券的出现。通过市场采取承购包销方式发行凭证式国债，彻底废除行政摊派方式，通过逐步减少招标规则的限制性条件，放大发行人设定的利率区间，使投标人对利率水平和投标数量的选择更加灵活。

　　国债作为货币政策工具时，国债市场具有调节社会资金的运行和提高社会资金效率的功能。在国债二级市场上国债承销机构和国债认购者及国债持有者从事的直接交易，国债持有者和国债认购者从事的间接交易，都是社会资金的再配置过程，最终使资金需要者和国债需要者得到满足，使社会资金的配置趋向合理。

若政府通过中央银行直接参与国债交易活动，以一定的价格售出或收回国债，那么国债市场就可以发挥诱导资金流向和活跃证券交易市场的作用。这种功能具体表现在诸多方面。

国债市场是金融市场的重要组成部分。由于国债风险小、同质性强、规模大，是其他金融资产（如商业票据、证券化资产、企业债券等）定价的基准和众多衍生金融资产（如期货、期权等）的基础资产，同时也是交易者对冲风险的重要工具。一个富有流动性的国债市场，在提高金融体系的效率、保持金融体系的稳定方面具有重要的意义。国债市场形成的利率期限结构，能够反映市场参与者对利率变化的预期和长期利率趋势，为货币政策的实施提供信息，使得货币政策的意图能够有效地传导。

国债市场拓宽了居民的投资渠道。在一个活跃的市场上，社会资金可以很方便地流入流出，企业和居民的富余资金可以投入债市获取收益，需要兑现时又能及时在市场中卖出债券，增加了投资渠道，丰富了居民的金融资产替代选择。包括国债市场在内的债券市场和股票市场相互配合产生了不同类型的投资工具，为投资者提供了可供选择的收益风险组合，投资者能根据外部环境的变化适时调整自己的投资策略，这是金融市场有效运作的基础。

国债市场的发展有利于商业银行资本结构的完善。国债是微观金融机构进行风险和流动性管理的重要工具，是机构投资者在进行组合投资时减小资产风险的一种重要的资产。能够降低商业银行的不良资产率，增强其抗风险能力。

　　国债市场是连接货币市场和资本市场的渠道。一些本来不宜进行长期产权投资的短期资金，如企业暂时不用的闲置资金，也有可能参与到资本市场的投资中来。尽管一个企业的资金可能在这个市场上只停留两三个月，但新的短期投资者会形成新的接替关系，由此就可以实现全社会投资规模的扩大。

　　国债是央行在公开市场上最重要的操作工具。国债市场的壮大有助于中央银行公开市场操作的开展，使中央银行的货币政策从以直接控制为主逐步向以市场化为主的间接调控转变。

31 国债的发行条件有哪些？

　　国债发行条件是指政府对国债发行过程中涉及的诸多方面内容以法律法规形式加以明确规定。合理确定国债的发行条件是发债过程之中一项至关重要的工作。债券的发行条件直接影响到发行者筹资成本的高低，也影响到购买者（投资者）的投资收益率及他们的投资兴趣。一般来讲，发行条件由以下几个因素构成。

　　国债的发行额。人民币国债的发行额大小一般是根据国家所需要资金的数量、利率水平、债券的种类，以及市场的承受能力等因素来确定的。债券如果发行额过高而造成销售困难，发行后对于债券的转让价格也会产生不良影响，所以，发行额的多少应根据实际筹资需要决定。

国债的期限。从债券发行之日起到偿清本息止这段时间叫债券的期限。在我国，期限在一年内的称为短期债券；期限在一年以上五年以内的称为中期债券；期限在五年以上的称为长期债券。期限根据债券性质、所需资金的运用情况来确定。例如，国库券的期限一般根据近年来的财政收支状况、财政资金的周转状况，以及国家的还债能力确定。从近年来的趋势看，国债期限正向中、短期发展，这有利于吸收投资，降低筹资成本。人民币债券期限分为一年、三年、五年、八年不等。

国债的偿还方式。我国人民币国债的偿还方式根据发行对象的不同而以不同方式偿还，例如国库券的发行条件中曾规定，个人购买的可以通过定期抽签偿还，还可以向银行贴现；而企业购买须到期一次偿还。现在债券二级市场还处于完善之中，债券市场的不断发展将使偿还方式进一步多样化。

国债的票面利率。债券的票面利率是债券票面所载明的利率。例如，国库券票面利率为14%，即面值为100元的一张国库券每年可得到14元的利息。一般讲，债券票面利率水平是由市场利率水平、债券到期年限等条件决定的。有时债券的票面利率并不是债券的实际收益率，若发行价格高于票面值，则实际收益率低于票面利率。

国债的发行价格。我国现行国债发行价格是由国家规定的，一般与票面值相同。发行价格高于票面值的称为溢价发行，低于票面值的称为折价发行，这由市场利率等因素来决定。

付息方式。 目前我国国债付息方式为到期一次还本付息，这样可以简化付息手续，降低成本。

发行条件是政府国债政策的体现，涉及投资者和筹资者双方的利益。如何平衡协调两者的利益，是国债能否成功发行的关键，因此，要结合债券具体的风险程度、收益大小，通过市场决定出筹资者和投资者都能接受的条件。

 什么是国债收益率曲线？其作用是什么？

国债收益率曲线是描述某一时点一组上市交易的国债收益率和它们所余期限之间相互关系的数学曲线。也就是说，如果以国债到期日为横轴，对应的收益率为纵轴，将每种国债的收益率与它的到期期限所组成的一个点拟合成一条曲线，即国债收益率曲线。

国债收益率曲线的主要构成要素包括期限和利率水平。不同期限的国债收益率反映了市场对于不同期限债券的风险和回报预期。利率水平则反映了市场对于整体经济环境和货币政策的判断。

国债收益率曲线的形态受到多种因素的影响。宏观经济因素是国债收益率曲线的重要驱动力。通胀预期、利率水平和经济增长预期都可以影响国债收益率曲线的形态。市场流动性和投资者情绪也会对国债收益率曲线产生影响。货币政策和央行行为也是国债收益率曲线的重要影响因素之一。

国债收益率曲线是债券市场的定价基准、各类人民币资产的"定价锚"。其他债券的收益率可以通过与国债收益率曲线的比较和调整来确定，这对于维护债券市场的稳定和发展具有重要意义。

国债收益率曲线为政府发行国债、加强国债管理、制定和实施货币政策提供了重要的参考依据。政府可以根据曲线的变化来调整国债的发行规模和期限结构，以满足市场的需求和维持国债市场的稳定。

国债收益率曲线在宏观经济分析中具有重要作用。正斜的国债收益率曲线通常意味着市场对未来经济增长的乐观预期，而负斜的国债收益率曲线则可能暗示着市场对未来经济增长的悲观预期。国债收益率曲线可以用来预测通胀水平和货币政策的走势。

国债收益率曲线对金融市场也具有重要意义。金融机构和投资者可以通过分析国债收益率曲线来制定投资策略和风险管理措施。国债收益率曲线还可以作为评估债券市场风险和市场流动性的重要指标。

地方政府性债务的定义、分类及其演进历程是什么?

地方政府性债务是指地方机关事业单位及地方政府专门成立的基础设施性企业为提供基础性、公益性服务直接借入的债务，以及地方政府机关提供担保形成的债务。

地方政府性债务分类。

一是地方政府负有偿还责任的债务，是指确定由财政资金偿还、政府负有直接偿债责任的债务。例如，地方政府债券。

二是地方政府负有担保责任的债务，是指因地方政府（包括政府部门和机构）提供直接或间接担保，当债务人无法偿还债务时，政府负有连带偿还责任的债务。例如，政府融资平台公司向企业举借的债务。

三是其他相关债务，是指政府融资平台公司、经费补助事业单位等举借的债务，由非财政资金偿还，但地方政府没有提供担保。据法律规定，该类债务政府没有偿债责任，但如果债务单位出现了债务危机，政府应承担救助责任，因此也划入地方政府性债务范畴。

地方政府债务管理演进历程。

地方政府债务管理空白阶段（1978—1984 年）。1958 年我国出台了《关于发行地方公债的决定》和《中华人民共和国地方经济建设公债条例》，对政府债券的发行等相关内容进行了规定。改革开放后，部分地方政府开始尝试举借债务。虽然上述两个文件没有明令废除，但已经名存实亡。故这一时期地方债务管理的最大特点就是无相关法律法规管理，地方自主举债。

地方政府债务管理复苏阶段（1985—1993年）。国务院办公厅于1985年发布《关于暂不发行地方政府债券的通知》，我国进入中央政府明令禁止地方政府发行债券的时代。然而，由于该文件只是明令地方政府不得发行债券，并没有明确禁止地方政府举借债务，于是地方政府融资平台逐渐进入人们的视线，并成为地方政府举债的重要途径。

地方政府债务管理松弛阶段（1994—2007年）。1994年分税制改革后，地方财政压力加大，这进一步推动了地方政府融资平台的发展和地方政府债务的积累。我国地方政府债务融资方式更加隐蔽化，风险更加不易监控。越来越多的地方政府开始通过地方政府融资平台发行"准市政债券"或者向银行贷款的方式进行融资。

地方政府债务管理放开阶段（2008—2009年）。2008年，我国大规模增加政府投资，鼓励地方政府多渠道筹措资金来加大对基础设施建设的投入，由此打开了我国地方政府全方位举债的阀门。2009年3月，中国人民银行和中国银监会联合发布了《关于进一步加强信贷结构调整促进国民经济平稳较快发展的指导意见》，明确提出要"支持有条件的地方政府组建投融资平台，发行企业债、中期票据等融资工具，拓宽中央政府投资项目的配套资金融资渠道"，这导致了我国地方政府融资平台井喷式发展。

地方政府债务管理收紧阶段（2010—2013年）。2010年6月，国务院发布《关于加强地方政府融资平台公司管理有关问题的通知》，这可以看作我国地方债务管理重新收紧的开端。中国银监会和财政部单独或会同有关部门连续下发一系列文件，要求严格加强对地方政府融资平台的监管，禁止地方政府违法违规融资或向融资平台公司注资和提供担保，甚至通过财务公司、信托公司、金融租赁公司等违规举借政府性债务等。中央政府同意部分地区发行地方债，并于2011年批准浙江等试点地区自行发行债券，由财政部代为偿付本息，由此正式启动了地方债券"自发代还"模式。其后，国务院又在不断扩大"自发代还"试点范围的基础上，于2014年开始在部分地区试点"自发自还"。

地方政府债务管理规范阶段（2014年至今）。2014年《关于加强地方政府性债务管理的意见》的出台以及《中华人民共和国预算法》（以下简称"新《预算法》"）的实施，为地方政府通过债券融资彻底打开了"前门"。财政部出台了一系列有关地方政府专项债券和一般债券发行管理办法，为我国地方政府债券最终走向"自发自还"提供了详细的路径指引和操作办法。2015

年，财政部出台了《关于对地方政府债务实行限额管理的实施意见》，依法启动对地方政府债务的限额管理，使得我国地方政府债务管理更加法治化和规范化。一系列文件均反复强调要对地方政府融资平台进行转型，多次明确要求"政府的债务不得通过企业举借，企业的债务不得推给政府偿还，切实做到谁借谁还、风险自担"。

34 地方政府债务管理发展的规律有哪些?

地方政府债务管理受宏观经济影响比较明显。中央政府对地方政府债务的管理试图在维持经济增长和防范债务风险之间寻求平衡。在经济增长压力较大但债务风险程度不高时，中央政府对地方政府债务的控制可能稍显宽松，对应的债务管理政策也会放松；相反，在经济增长压力较轻但债务风险严峻时，中央政府对地方政府债务的控制可能会加强，对应的债务管理政策也会更加紧缩。在地方政府债务管理政策的历史演变中，可以观察到四次明显的政策转向。第一次转向发生在 1997 年亚洲金融危机爆发时，中国开始实施第一次积极的财政政策，中央政府默许了地方政府通过融资平台进行融资。第二次转向是在 2008 年国际金融危机爆发时，中国实施第二次积极的财政政策，地方政府债务规模呈现井喷之势。第三次转向是在 2010 年中国经济逐渐企稳回升时，中央政府开始了对地方政府融资平台债务的清理整顿。而第四次转向发生在 2014 年提出中国经济发展进入新常态时，中国政府开始通过债务管理"开前门、堵后门"来解决地方政府债务风险。

地方政府债务管理政策日趋规范和健全。虽然地方政府债务管理受宏观经济影响而表现为策略性的松紧变化，但从整体趋势来看，趋向于"由松到紧、由堵到疏"，逐渐规范和健全。这种规范和健全首先体现在国务院及相关部门出台的一系列政策文件上。从地方政府债务管理政策历史脉络来看，从改革开放初期较少的债务管理文件到近年来层出不穷的政府债务管理文件以及新《预算法》的实施，充分说明了中国对地方政府债务的精细化和规范化管理。此外，地方政府债务管理方式和方法也日益与国际接轨，债务统计方法和考核机制逐渐科学化，促进了对地方政府债务风险的科学评估。

地方政府债务管理政策以"补丁式"逐渐完善。由于地方政府投资的巨大资金需求与债务资金有限供给的矛盾，部分地方政府仍采取一些更加隐蔽的方式进行债务融资，如采用政府和社会资本合作（PPP）模式、政府性基金和政府购买服务等形式变相举债。为了堵住地方政府违法违规融资渠道，遏制隐性债务，中央政府不得不采取一些"补丁式"的制度规范。例如，《关于进一步规范地方政府举债融资行为的通知》和《关于坚决制止地方政府以购买服务名义违法违规融资的通知》等文件专门针对地方政府隐性债务作出了应对措施。

> ❯ 知识链接　什么是政府和社会资本合作（PPP）模式？

政府和社会资本合作（Public-Private Partnership,PPP）模式通常是指政府通过特许经营权、合理定价、财政补贴等事先公开的收益约定规则，引入社会资本参与城市基础设施等公益性事业投资和运营。该模式以利益共享和风险共担为特征，能够发挥合作双方优势，提高公共产品或服务的质量和供给效率。

35　地方政府一般债务的主要用途和偿债来源是什么？

地方政府一般债务是地方政府债务的重要组成部分，是地方政府为缓解资金紧张或解决临时经费不足发行的政府债券，在城乡建设、交通运输和提供基本公共服务方面发挥着重要作用。

近年来，地方政府一般债务的发行规模逐年增大，成为应对突发公共事件冲击和促进经济社会平稳发展的重要手段。

根据 2014 年 9 月国务院发布的《关于加强地方政府性债务管理的意见》，没有收益的公益性事业发展确需政府举借一般债务的，由地方政府发行一般债券融资，主要以一般公共预算收入偿还。

在上述意见发布当月，国务院印发了《关于深化预算管理制度改革的决定》，继续深化地方政府自主发债治理。该决定重申，将对地方政府债务实行规模控制和分类管理，地方政府举债不得突破批准限额，分一般债务和专项债务纳入预算管理。《关于深化预算管理制度改革的决定》对政府年度预算的控制与平衡方式进行了调整，指出"一般公共预算审核的重点由平衡状态、赤字规模向支出预算和政策拓展"。经国务院批准，地方一般公共预算可为没有收益的公益性事业发展编列赤字，通过举借一般债务予以弥补，债务限额由国务院确定并报全国人大或其常委会批准。地方一般公共预算执行中如出现超收，可用于化解政府债务或补充预算稳定调节基金；如出现短收，则需通过调入预算稳定调节基金、削减财政支出等方式实现平衡。如采取上述措施后仍不能实现预算平衡，"省级政府报本级人大或其常委会批准后增列赤字，并报财政部备案，在下一年度预算中予以弥补；市、县级政府通过申请上级政府临时救助实现平衡，并在下一年度预算中归还"。

2016 年 11 月，财政部印发《地方政府一般债务预算管理办法》，首次对一般债务的限额和余额、预算编制与批复、预算执行与决算、非债券形式一般债务等监督管理办法作了详细规定。该办法首先明确一般债务包括"地方政府一般债券、地方政府负有偿还责任的国际金融组织和外国政府贷款转贷债务、清理甄别认定的截至 2014 年 12 月 31 日非地方政府债券形式的存量一般债务"。关于地方政府一般债务的偿还，《地方政府一般债务预算管理办法》指出，一般债务本当有偿还计划和稳定的偿还资金来源。一般债务本金主要通过一般公共预算收入（包含调入预算稳定调节基金和其他预算资金）、发行一般债券等偿还；一般债务利息通过一般公共预算收入（包含调入预算稳定调节基金和其他预算资金）等偿还，不得通过发行一般债券偿还。

36 地方政府专项债务的主要用途和偿债来源是什么？

专项债务是地方政府债务的重要组成部分，是贯彻落实党中央、国务院决策部署，加快推进地方各个领域重大项目落地实施的重要融资手段，为保障经济社会平稳发展、促进经济转型升级发挥了积极作用。近年来，中国地方政府专项债务从无到有，发行规模逐年增大，债券种类日益丰富。

就地方政府专项债务的主要用途而言，根据 2014 年 9 月国务院发布的《关于加强地方政府性债务管理的意见》，有一定收益的公益性事业发展确需政府举借专项债务的，由地方政府通过发行专项债券融资。随着《关于试点发展项目收益与融资自求平衡的地方政府专项债券品种的通知》的出台，项目收益专项债券快速发展。项目收益专项债券资金需求要符合国家战略目标，同时也要与各地方中长期发展规划相契合，包括"城市总体规划""城市专项规划"等。基于当前中央"六稳"工作要求，国家确定专项债券资金优先支持项目领域为交通基础设施（铁路、收费公路、机场、水运、城市轨道交通、城市停车场）、能源(天然气管网和储气设施、农村电网改造升级和城市配电网)、农林水利（农业、水利、林业）、城镇污水垃圾处理、社会事业（应急医疗救治设施、公共卫生设施、学前教育和职业教育、养老、文化旅游、其他社会事业）、城乡冷链物流基础设施、市政基础设施（供水、供热、供气）、产业园区基础设施、国家重大战略（京津冀协同发展、长江经济带发展、"一带一路"建设、粤港澳大湾区建设、长三角一体化发展、推进海南全面深化改革开放）、城镇老旧小区改造（主要支持符合条件的城镇老旧小区内建筑和配套设施改造项目）。

就地方政府专项债务的偿债来源而言，根据新《预算法》和

《地方政府专项债务预算管理办法》的规定，地方政府专项债券本金通过对应的政府性基金收入、专项收入、发行专项债券等偿还。专项债券利息通过对应的政府性基金收入专项收入偿还，不得通过发行专项债券偿还。根据《关于试点发展项目收益与融资自求平衡的地方政府专项债券品种的通知》"专项债券对应的项目取得的政府性基金或专项收入，应当按照该项目对应的专项债券余额统筹安排资金，专门用于偿还到期债券本金，不得通过其他项目对应的项目收益偿还到期债券本金"的规定可知，项目收益专项债券强调项目收益与债券融资自求平衡，专项债券须与项目资产、收益严格对应。

> ❯ **知识链接**   **什么是公益性项目？**

　　根据《关于贯彻国务院关于加强地方政府融资平台公司管理有关问题的通知相关事项的通知》，"公益性项目"是指为社会公共利益服务、不以盈利为目的，且不能或不宜通过市场化方式运作的政府投资项目，如市政道路、公共交通等基础设施项目，以及公共卫生、基础科研、义务教育、保障性安居工程等基本建设项目。

地方政府一般债务与地方政府专项债务有何区别？

新《预算法》实施后，省级地方政府正式获得了自主发债权，从此开启了地方政府债务正式纳入预算、实行制度化管理的时代。根据新《预算法》，中国地方政府债务由一般债务和专项债务两部分构成，地方政府通过发行一般债券和专项债券筹措债务收入。一般债务与专项债务在资金用途、收支管理、信息披露、还款来源等方面存在显著差异，对于地方政府的财政稳健和经济发展有着不同的影响。

在资金用途方面，新增一般债筹集的资金主要用于缓解预算内资金紧张和弥补公共财政预算赤字，一般被投向没有市场收益的公益性项目。新增专项债筹集的资金专款专用，用于具有一定收益的特定项目或领域。即未来不能产生现金流收益的纯公益性项目，需通过发行地方政府一般债券筹措建设资金；而具有一定收益的准公益项目应通过发行地方政府专项债券筹措建设资金。这便是一般债务与专项债务的根本不同之处。

在收支管理方面，相比地方政府一般债券，地方政府专项债券在收支管理上限制较多：专项债务收支应当按照对应的政府性基金收入、专项收入实现项目收支平衡，不同政府性基金科目之间不得调剂；当专项债务对应的政府性基金收入不足以偿还本金和利息时，可以从相应的公益性项目单位调入专项收入弥补。

在信息披露方面，《地方政府债务信息公开办法（试行）》，详细规定了新增一般债券、存续期内的一般债券和一般债券重大事项的公开办法。关于新增一般债券的发行与公开，规定省级财政部门应当在新增一般债券发行前，提前五个以上工作日公开六类信息：经济社会发展指标；地方政府一般公共预算情况；一般债务情况；拟发行一般债券信息；第三方评估材料；其他按规定需要公开的信息。关于新增专项债券的发行与公开，则主要要求披露地方政府性基金预算情况，并追加要求披露专项债券对应项目信息，包括项目概况、分年度投资计划、项目资金来源、预期收益和融资平衡方案、潜在风险评估、主管部门责任等。

在还款来源方面，地方政府一般债务的偿债资金主要来源于一般公共预算收入（如税收收入、非税收入、中央补助收入等）和发行一般债券，而地方政府专项债务的偿债资金主要来源于对应的政府性基金收入、专项收入或发行专项债券等途径。一般债务的还款能力与地方政府的财政状况和整体经济发展水平密切相关，而专项债务的还款能力与项目本身的营利能力、收益情况以及专项资金的使用情况密切相关，强调项目收益与债券融资自求平衡。

地方政府专项债券风险管理组织体系
由哪些层级组成？

具体而言，地方政府专项债券管理组织体系由五个层级构成。

第一层级为国务院和财政部。国务院和财政部作为地方政府专项债券风险管理组织体系的最高层级，其责任在于制定统一管理政策，以指导和监督全国范围内地方政府专项债券的发行和风险管理。通过明确政策框架、规定管理规范、制定发行标准，确保各级地方政府专项债券发行符合国家财政政策，遵循规范，防范风险。

第二级层级为专项债券发行人，即省级政府。在省级政府设置"地方政府债券发行和使用管理领导小组"并设立办公室，作为发行人的决策机构。省级财政部门负责具体落实省政府、领导小组的各项决策，牵头组织全省范围内的项目申报和项目发行，发挥对本省地方政府专项债券的发行、项目建设、项目运营和债券清偿等各阶段的监管工作。同时，省级财政部门还需特别关注对本省地方政府债券项目的风险控制，监督本省下辖各市债券项目的执行情况。

第三层级为市县级政府。在地方政府专项债券风险管理组织中，市县级政府作为专项债券资金的具体使用者和清偿责任人，扮演着关键角色。为了有效管理专项债券，市县级政府设立相应的领导小组，并严格落实国家政策和省级指导。县市级财政部门负责具体的项目资金需求、落实资金使用、债券资产管理、项目收益归集和债券本息偿付，同时负责监督和管理项目实施机构，以确保专项债券项目的有效运作和风险可控。

第四层级为项目实施机构。专项债券项目实施机构包括项目建设单位、项目运营单位等，是贯彻具体项目目标、达成项目收益的主体，在整个项目生命周期中承担着重要的责任。

第五层级为市场化参与主体。市场化参与主体是项目建设运营主体的支撑单位，既包括项目规划、设计、施工、监理单位等专业机构，也包括咨询、金融、法律等相关服务机构。这些主体为专项债券项目提供技术支持和专业服务，参与项目的具体实施和管理。他们负责项目的具体细节，确保项目的顺利进行，并提供专业性的建议，使项目能够在合规、高效的环境中运作。

整个地方政府专项债券风险管理组织体系贯穿于专项债券生命周期的各个阶段，涵盖了各级政府和专业机构。从项目的提出、规划设计，到建设与运营，直至用项目收益完成债券本息偿还，每个阶段都有明确的主体负责，确保项目有效实施与风险可控。每一级别的机构都扮演着关键的角色，相互协作，确保地方政府专项债券的有效发行和项目实施的顺利进行。

> ● 知识链接　项目风险管理工具 COSO 框架的解读

COSO 框架是全球企业风险管理和内部控制的参考模型，将内部控制的内容归纳为治理和文化、战略和目标设定、绩效、审阅与修订、信息沟通与报告五大要素。COSO风险管理框架可以细化项目风险，形成风险管理的列表，有助于积极管理项目风险，提升运营绩效。

39　地方政府专项债券全生命周期各阶段风险管理目标和重点是什么？

地方政府专项债券生命周期可分为规划期、发行期、建设期、运营期、清偿期五个阶段，不同阶段的风险管理有其自身的特殊性，风险管理目标不同。各个阶段的管理目标和重点如下。

规划期的风险管理目标和重点。 项目规划期的风险管理目标是依法合规地提出能够满足融资与收益自求平衡且能够推动当地经济社会发展的政府投资项目。项目规划期的工作重点是确保项目符合国家发展规划和产业政策导向，所筹建项目能体现社会经济效益，所选项目属于惠及民生的重点领域项目，可以保障项目融资与收益平衡。

发行期的风险管理目标和重点。项目发行期的风险管理目标是满足发行条件，依法合规成功发行专项债券。《关于试点发展项目收益与融资自求平衡的地方政府专项债券品种的通知》印发以来，与项目严格对应的专项债券发行和管理，对地方政府债务风险管理是一次全新的改革，使地方政府债务风险下沉到项目层面，风险与项目严格对应。在控制债务风险总量的基础上，通过项目融资与收益平衡进一步做到了对风险的精准识别与控制。因此，结合专项债券资金使用的前提即用于公益性项目，专项债券发行期的核心风险控制应当为项目公益性界定和项目融资与收益平衡。首先，应满足发行条件。项目公益性是界定专项债发行的边界与范围的重要标准。其次，应依法合规成功发行债券，发行地方政府专项债券需要多方参与、共同工作，最终形成一系列符合财政审批、发改委审批的要件。

建设期的风险管理目标和重点。项目建设的风险管理目标是项目建设按期完成和工程质量达标。项目建设期的工作重点主要包括施工进度管理、施工成本管理、施工质量管理、施工安全管理。

运营期的风险管理目标和重点。项目运营期的风险管理目标是实现项目的公益性，合规运营，在确保政府专项债券还本付息的前提下，实现方案规划的预期收益目标。项目运营期的工作重点主要是通过市场化法治化的方式全面提升项目运营主体的运营能力；构建全方位多层次的专项债券项目绩效管理体系。

清偿期的风险管理目标和重点。项目清偿期的风险管理目标是保障投资者利益和债券按期足额清偿兑付。不管是偿还方式的设置，还是偿债条款的设置，都将围绕"专项债券对应项目收益不足以清偿债券本息"这个核心风险。在发生或者可能发生债券不能清偿的情况下，即进入债券清偿风险暴露阶段，一方面，相关法律和政策制度明确地方政府必须用项目自身收益偿还债务，不允许刚性兑付；另一方面，债券市场法治化市场化要求必须最大限度地保障投资者权益。

 深入了解风险评估的关键步骤和要素

　　风险评估是一项对已识别的项目过程和产品风险进行分析与评价的关键步骤。该过程涵盖了多个方面，包括概率确定、影响程度评估、对风险事件的预测等。通过评估风险的潜在影响，得到项目的风险决策变量值，为决策提供关键依据。

40　如何理解地方政府专项债券的价值与影响？

　　地方政府专项债券作为一种新型融资工具，在中国财政体系中有着重要的价值和影响。理解其价值与影响需要从多个角度进行分析。

首先，地方政府专项债券的价值体现在其为地方政府提供了重要的融资途径。这些债券的发行为地方政府筹集资金提供了另一种方式，使其能够更灵活地满足项目建设和资金需求。通过发行专项债券，地方政府大幅降低了基础设施建设融资成本，可以获取更多资金用于基础设施、公共服务、城市建设等领域，进而推动地方经济的发展。这种融资方式还能够有效规避传统财政预算的限制，促进地方经济结构的优化和升级。地方政府通过专项债券获得建设发展资金，中央政府通过债券额度的分配和投向的要求来引导地方政府按照中央的发展方向使用资金，由此建立中央和地方在财权问题的动态平衡。

其次，地方政府专项债券在推动项目建设和基础设施投资方面发挥了重要作用。专项债券项目与地方社会经济发展的需求密切相关，其资金主要用于特定领域或项目，例如交通、教育、医疗卫生等。这些资金的有效使用能够改善基础设施，提升公共服务水平，推动城乡均衡发展。通过这些项目的推进，能够促进产业升级和就业增长，为地方经济发展注入动力，提升地方的综合竞争力。同时，专项债券还提供了促进消费需求的动力基础，通过激活公共服务需求促进消费需求的扩大与升级。就目前而言，专项债券项目已经深入到健康医疗、托幼养老、停车充电桩、水电气、老旧小区改造、文化体育、乡村振兴等多重领域。

　　然而，地方政府专项债券也存在一定的风险和挑战。就目前来看，已经发行的专项债券项目，无论是项目数量还是债务规模，都已经占据了各级地方政府财政融资的主要比重，因此专项债券风险就是地方政府需要面对的最主要债务风险来源。同时，专项债券项目的可持续性和效益需求高，若项目运营不善或收益不及预期，可能导致债务违约风险，甚至造成不良影响。因此，有效管理和监督专项债券资金的使用和项目实施质量至关重要，它会降低风险并确保资金的有效利用。

　　总体来说，地方政府专项债券为地方政府提供了重要的融资渠道，推动了项目建设和基础设施投资，促进了经济增长和社会进步。然而，也要充分认识到其潜在的风险和挑战，通过有效的管理和完善监督机制，确保专项债券资金的合理使用，以实现更加可持续的经济发展和财政稳健。

篇 三

积极的财政政策效应

积极的财政政策的内涵是什么?

积极的财政政策是指政府在经济增长乏力或出现衰退时，通过增加支出、减少税收、扩大赤字、发行政府债券、增加转移支付等手段，刺激总需求，促进经济复苏和增长的一种宏观调控政策。

积极的财政政策的结构组成包括财政支出、财政收入和财政赤字。财政支出是积极的财政政策的核心内容，主要用于增加公共产品的供给、改善基础设施建设、促进经济结构调整、支持科技创新、保障民生等方面。财政支出的规模、结构和效率都直接影响着积极的财政政策的实施效果。财政收入是积极的财政政策的重要来源，主要通过税收政策的调整，来平衡财政支出的增加，降低赤字的压力，同时也要考虑税收政策对经济增长、收入分配、市场竞争等方面的影响。财政收入的稳定性、弹性和公平性都是积极的财政政策的重要保障。财政赤字是积极的财政政策的必然结果，也是财政政策的重要调节手段，主要通过发行国债来弥补财政收支的差额，扩大政府的投资规模，刺激经济的总需求。财政赤字的规模、结构和可持续性都是衡量积极的财政政策的重要指标。

积极的财政政策的目的和功能在于:

对冲风险。积极的财政政策是应对经济危机和外部冲击的有效手段,可以通过增加财政支出,来弥补私人部门需求的不足,稳定经济增长,保障社会稳定,缓解民生困难,提高抵御风险的能力。

扩大需求。积极的财政政策是促进经济增长的重要推动力,可以通过降低税收负担,来增加居民和企业的可支配收入,刺激消费和投资,扩大内需和外需,拉动经济的总需求。

调整结构。积极的财政政策是优化经济结构的有效途径,可以通过加大对基础设施、社会事业、战略性新兴产业等领域的投入,来改善供给条件,促进产业升级,提高经济的质量和效益。

改革创新。积极的财政政策是推进改革创新的重要支撑,可以通过加强对科技研发、人才培养、知识产权等方面的支持,来激发创新活力,增强创新能力,提升创新效果,构建创新型国家。

积极的财政政策的实施要求政府有足够的财政空间和债务承受能力,同时要考虑政策的时效性、可持续性和协调性,避免产生财政赤字过大、通货膨胀加剧、债务危机爆发等负面后果。积极的财政政策也要与稳健的货币政策、灵活的汇率政策、有效的产业政策等相配合,形成政策合力,实现经济的高质量发展。

积极的财政政策包括哪些政策工具和政策手段？

积极的财政政策的工具和手段，是指国家为了促进经济增长、提高就业率和推动社会发展而采取的财政措施，主要形式包括增加政府支出、减税降费、发行政府债券和增加转移支付。

增加政府支出。增加政府支出是指政府通过增加对基础设施建设、科技创新、社会保障等领域的投入，以刺激经济总需求，促进经济增长和稳定的一种财政政策，目的是在经济衰退或通货膨胀时，通过扩大有效需求，增加居民收入，提高企业利润，降低失业率，缓解经济困境。通过雇佣人员或承包工程项目，政府可以在短期内缓解失业问题，增加家庭收入，从而提高整体消费水平。政府支出的增加还可以填补私人部门投资不足的空缺，提高生产率和经济效率，加速经济增长。长期来看，有助于提高国家的竞争力和创新水平，促进经济可持续增长。

减税降费。减税降费是指通过税收减免措施和降低费用负担的方式，减轻企业和个人的经济负担，激发市场主体活力，促进经济高质量发展的一系列政策。"减税"主要涉及增值税、企业所得税、个人所得税等税种，通过调整税率、扩大优惠范围、增加扣除项目等方式，降低纳税人的应纳税额。"降费"主要涉及行政事业性收费收入、政府性基金收入和社会保险基金缴费，通过取消、免征或降低部分收费项目，减少企业和个人的费用支出。减税降费可以提高人们的可支配收入和企业的盈余，刺激个人和企业增加消费和投资，从而拉动整体需求。个人可支配收入的增加有利于激发更多的消费，对零售业和服务业的发展具有积极影响，从而推动整体经济增长。企业盈余的增加可以缓解资金约束，提升其生产能力，有利于企业引入新技术、研发新产品等，促进创新，从而推动经济的长期增长。企业生产力提升还可以促使企业扩大规模，创造更多就业机会，提高社会的整体福利水平。同时，减税降费措施可以提高企业和个人的信心。当人们和企业对未来的经济环境感到乐观时，他们更有可能增加消费和投资，促进经济增长。

发行政府债券。政府债券主要包括国家债券（即中央政府债券）和地方政府债券两大类。前者主要用于弥补财政赤字、进行重大项目建设、偿还旧债本息等；后者主要用于交通、能源、生态环保、保障性安居工程等地方性公共设施的建设。政府债券的发行可以为政府提供更多的财政资源。政府债券的发行所带来的资金投入，通常会促进产业扩张，创造更多的就业机会，增加居民收入和消费能力，进一步扩大内需和经济循环。政府债券的发行还可以表明政府对经济发展的信心和决心，从而增强市场主体的信心和预期，促进经济活动的恢复和增长。

增加转移支付。转移支付是指上级政府对下级政府（纵向）

或者同级政府之间（横向）无偿拨付的资金，主要用于解决地区财政不平衡问题，推进地区间基本公共服务均等化，是政府实现调控目标的重要政策工具。转移支付可以增加政府的财政收入，提高其财政支出能力，从而增加政府支出的规模和效率，刺激消费和投资，扩大有效需求，拉动经济增长。转移支付还可以缩小地区间的财力差距，改善欠发达地区的基础设施和公共服务，提高其经济发展水平和潜力，促进区域协调发展。转移支付还可以引导下级政府优化财政支出结构，增加对教育、医疗、科技、生态等领域的投入，提高人力资本、技术创新和环境保护的水平，促进经济由要素驱动向创新驱动转变，提高经济的质量和效益。

高质量发展形势下，积极的财政政策如何发挥作用?

2017 年 10 月，习近平总书记在党的十九大报告中明确提出，我国经济已由高速增长阶段转向高质量发展阶段。① 高质量发展是指能够满足人民日益增长的美好生活需要、体现新发展理念的

① 习近平:《决胜全面建成小康社会　夺取新时代中国特色社会主义伟大胜利——在中国共产党第十九次全国代表大会上的报告》，人民出版社 2017 年版，第 30 页。

发展，是以创新为第一动力、协调为内生特点、绿色为普遍形态、开放为必由之路、共享为根本目的的发展。

高质量发展形势下，积极的财政政策可以发挥重要作用，促进经济的稳健持续增长。接下来将从创新、协调、绿色、开放、共享的新发展理念的五个维度分别阐述积极的财政政策在高质量发展形势下的主要作用。

创新。创新是高质量发展的动力，创新推动效率提升，提高经济发展质量。政府通过直接向企业提供研发资金补助、对高新技术企业实施税收优惠政策、允许企业将一定比例的研发费用从应纳税所得中扣除等举措，减轻企业的资金负担，鼓励企业增加研发投入，促进企业创新水平和生产效率的提升。此外，政府实施了一系列国家重点研发计划，重点支持战略性新兴产业和前沿技术领域的研发项目，引领科技创新方向，推动重大科研成果转化应用，助力提升经济发展质量。

协调。协调发展的内涵包括三个方面：区域、城乡和产业协调发展。协调发展能够提高资源利用和配置的效率，有助于解决经济发展中不平衡不充分的问题。政府通过财政转移支付，将财政资源从发达地区调拨到相对欠发达的地区，有助于平衡地区间的财政收入和支出，促进区域协调发展。政府通过对特定产业实施税收优惠和补贴政策，培育和发展有竞争力的产业，带动产业的协调发展。政府通过加大对教育、培训和就业的投入，提高人力资源素质，促进劳动力市场协调发展。政府通过增加交通、通信等基础设施投资，加强各地区之间的联通，促进生产要素流动，缩小城乡和区域发展差距，提高整体经济效益。

绿色。绿色发展注重解决人与自然间的和谐问题，注重环境保护与可持续发展，才能实现经济持续健康增长。政府通过财政资金支持绿色和清洁技术产业的发展，包括风能、太阳能、新能源汽车、节能环保等领域，对积极参与生态保护的企业和地区提供奖励，对超额能源消耗、碳排放行为等征收惩罚性税收，引导企业走绿色低碳的发展路线。政府引导金融机构提供绿色信贷，支持绿色项目的投资和发展，鼓励企业和投资者投身于可持续发展领域。

开放。继续扩大对外开放水平，形成全面开放新格局，是推动高质量发展的必要条件。政府通过给予外资企业税收优惠吸引更多国际投资，通过减税降费鼓励本地企业出口，促进资本的跨国流动。通过加大对国内大循环的投入，支持国内市场扩容升级，提升国内消费和投资的质量与效率。同时，积极促进国内国际双循环的互动，支持对外开放的重大战略和平台建设，如自由贸易试验区、海南自由贸易港、共建"一带一路"等，加快构建新发展格局。

共享。共享发展注重解决社会公平正义问题，旨在促进经济社会发展的物质文明成果和精神文明成果由全体人民共同享有。政府通过加大对扶贫项目和社会救助的财政支持，确保经济发展的红利惠及贫困地区和贫困人口。通过财政投入加大对社会保障体系的支持，包括养老保险、医疗保险、失业保险等，以提高社会弱势群体的生活水平，实现共享发展。

如何理解积极的财政政策的挤出效应？

挤出效应是指在资源有限的情况下，一种资源的增加会导致另一种资源减少。积极的财政政策的挤出效应可以从项目挤出和资金挤出两个方面进行理解。

项目挤出的作用机制是政府加大对于基础设施、教育等领域的投资，在一定程度上抢占了项目，民间资本可投资项目总量减少。同时，政府需要购买更多的原材料、劳动力和设备，导致资源竞争加剧，由于资源供给有限，民间企业将面临更高的成本和更少的资源可用，民间投资被挤出。

资金挤出的作用机制主要通过两种渠道实现：资金供给渠道和资金需求渠道。资金供给渠道主要是指国债急剧扩张导致政府与社会资本产生竞争，争夺有限的资金，资金使用权迅速向政府转移，资产组合结构发生变化，在可贷资金总量一定的情况下，政府债务规模的膨胀导致可贷资金来源的储蓄余额减少，挤出了社会资本投资对储蓄的使用机会。资金需求渠道主要是指国债发行规模扩张导致金融市场的利率水平升高，其他债券价格下跌，企业的借贷成本增加、投资收益率减小，在资本边际收益率不变的情况下，民间投资意愿降低，社会总融资规模缩减，最终导致资本市场整体均衡水平降低。

总结来看，积极财政政策的挤出效应存在以下消极影响。

高利率和借款成本上升。政府通过增加支出来刺激经济，可能需要大量的借款，这会导致市场上的借款需求增加，从而推高利率。企业和个人面临更高的借款成本，降低了投资的吸引力。

通货膨胀压力。过度的财政支出可能导致过度需求，从而引起通货膨胀。通货膨胀会降低货币的购买力，对经济产生负面影响，包括对储蓄者的损害和不确定性的增加。

资源配置问题。高水平的政府支出可能导致资源在政府部门过度集中，而忽视了私营部门的需求。这可能导致资源配置的失衡，从而限制了私营企业的发展和创新。

财政赤字和债务累积。过度依赖财政政策可能导致财政赤字的累积和债务水平的上升。长期的财政赤字和高债务水平可能对国家的财政可持续性产生负面影响，增加未来还款的负担。

投资不确定性。过度的政府干预和支出可能导致市场参与者对未来经济状况的不确定性。这种不确定性可能使企业和个人更加谨慎，抑制了投资和消费。

积极的财政政策的目标是刺激经济增长，但在实施过程中带来了挤出效应，削弱了政策的有效性。因此，在实施积极的财政

115

政策时，政府需要综合考虑各种因素，确保政策实施的积极效应能够超过其潜在的挤出效应，实现经济持续健康发展。

 如何理解积极的财政政策的增长效应?

积极的财政政策的增长效应指的是通过实施积极的财政政策，如减税降费、增加政府支出、发行政府债券与增加转移支付等方式，对经济增长产生的促进作用。这种增长效应主要是通过财政政策的实施，刺激总需求的增加，最终通过财政政策乘数产生宏观经济的扩张效应，从而促进经济的增长。

降低税率虽然会减少财政收入，但根据税收乘数，将会成倍地刺激社会有效需求或有效供给，有利于经济的增长。降低税率一方面可以降低居民缴纳的税款。在这种情况下，居民的可支配收入将会增加，促进居民消费，从而增加总需求。另一方面可以增加企业投资。减税可以降低企业的税负，增加企业的可支配资金，使企业更有动力和能力进行新的投资和扩大生产规模。这将带来更多的就业机会，提高生产效率和产出水平，进而增加总需求。减税的种类和方式不同，所引起的膨胀效应也不同。

政府通过投资项目、购买商品和服务等方式增加支出，增加政府购买性支出就等同于增加投资，会刺激经济中的消费和投资需求。这将带动企业增加生产和提供更多就业机会，从而推动经济增长。此外，政府支出可以用于促进产业升级和技术创新，例如研发资金的投入、科技基础设施建设等。这将提高企业的竞争力和生产效率，推动产业结构优化和经济增长。

发行政府债券可以为政府筹集资金，从而增加政府支出。这些资金可以用于基础设施建设、公共服务、社会保障等领域，刺激相关产业的发展，促进企业扩大生产和投资，从而达到直接或间接地促进经济增长的目的。

转移支付既可以通过增强地方财力，提高地方政府财政支出能力，进而增加公共品供给，改善公共服务，以推动地方经济增长。同时还可以刺激消费和投资，扩大有效需求，拉动经济增长。

46　如何防范积极的财政政策可能产生的风险？

积极的财政政策风险是指积极的财政政策的预期目标不能实现或失败的可能性。其风险大致可以分为债务风险、经济风险、社会风险及滞后影响。财政政策可能产生的风险受多方面因素影响，如财政政策目标的模糊性与现实偏差、政策执行过程存在不确定性、政策工具选择偏差及决策偏差和执行偏差等。防范积极的财政政策可能产生的风险的基本对策如下。

正确确定财政政策目标。财政目标不应片面追求年度经济增长，而应确保国民经济可持续发展，既包括国民经济持续增长，也包括经济增长方式的转变、产业结构的合理化、地区经济结构的合理化、城乡经济结构的合理化、生态环境的好转等。

将财政政策重心从拉动需求转移到改善供给上。以扩大国债规模和财政支出规模为主要内容的财政政策，旨在拉动需求增长，具有易操作且见效快等特点，曾一度是我国财政政策的"主旋律"。但单一的需求管理政策只能解决短期的经济增长问题，无法解决国民经济可持续发展问题，且不可能一直找到效益高、辐射带动作用强的"好项目"，会加大政策实施风险。要确保国民经济持续健康发展，积极的财政政策的重心需要放到改善供给、增加有效供给上来。通过财政政策的作用，推动经济增长方式的转变，并使产业结构、地区经济结构和城乡经济结构逐步合理化，经济增长与生态环境的保护能够有机协调起来。

财政政策工具作出相应调整。首先，财政政策需要控制国债发行规模，使国债的增长速度低于国内生产总值的增长速度，通过合理掌握财政政策的度，有效控制财政赤字和债务规模。国债资金的运用应仅限于具有经济效益的领域，并重点投向基础产业及基础设施，同时加大对国债投资过程的监督管理，确保国债资金的到位，提高其使用效益。其次，要充分发挥财政贴息的杠杆作用。最后，要通过税制改革，优化税制结构，刺激民间投资。

正确认识财政政策在国民经济可持续发展中的地位和作用。注意掌握好政策的力度和作用范围，积极的财政政策目的不应是与私人经济部门投资争利，而是对其起到引导作用，同时弥补私人经济部门投资的不足，并注意与其他经济政策的配合。

深化体制改革，从制度上规避财政风险。通过体制改革，可以优化资源配置，提高资源使用效率。这有助于减少浪费和不必要的支出，从而降低财政风险。同时，体制改革可以推动政府治理水平的提升，包括改进决策机制、加强监管、提高透明度等。这些措施有助于减少政府决策失误和腐败行为，从而降低财政风险。

加大财政监督力度。风险防范要求宏观监督，从制定政策到预算执行，认真、严格、细致的监督可以有效防范风险。同时注重日常业务监督，如随时对涉及国家财政收支活动及其相关事项进行专项监督检查。加大检查和处理处罚的力度，可以带来威慑作用，有效防止税收的流失，促进改善支出结构，完善公共财政管理，有效规避财政风险。

如何理解积极的财政政策与经济可持续发展的关系？

从财政与经济之间的关系看，经济决定财政，财政反作用于经济。经济可持续发展是任何一个经济实体都致力于追求的最终目标，而在现代市场经济体制下，作为经济社会活动的重要载体和手段，财政可持续性是实现经济可持续性的一个必要条件。而积极的财政政策与财政可持续性之间的关系密不可分，积极的财政政策会对财政可持续性产生影响，是影响财政可持续性的一个重要因素。

对发达国家而言，经济可持续性目标主要体现为熨平经济周期性波动的影响，实现经济社会稳定发展。但对发展中国家而言，经济可持续性目标不仅包括熨平经济周期性波动的影响，还包括实现经济较快增长和社会较快发展，以不断提高社会福利水平等经济社会发展目标。这就要求，一方面，财政要为长期经济较快增长和社会较快发展提供足够财力支撑，财政保障能力较强；另一方面，财政政策还要满足短期经济调节要求，服务于减缓经济波动的需求。此外，由于市场运行机制的不健全和不完善，仍需通过财政来发挥政府对市场的引导和先导作用。

我国经济可持续发展必然要求财政可持续，即表现为财政公共性职能与发展性职能的可持续。财政公共性职能的可持续强调以合理的水平可持续地提供公共产品和服务：一是必须让人民群众分享改革发展成果，通过社会制度的发展与完善，不断提高社会福利水平；二是要有可持续财力作为保障；三是坚持"广覆盖"和"可持续"相结合；四是形成公共产品和服务可持续提供的长效机制等。财政发展性职能的可持续则主要体现为经济发展中财政作用的有效发挥，即首先，财政不仅要为市场经济发展提供必要的基础条件，而且还应发挥对某些经济活动的引导作用，并保证财政作用的可持续性；其次，财政应有效发挥先导作用，避免或尽量减少政府对其他主体的排挤效应；最后，财政作用要突出重点，根据不同阶段经济发展的重点集中发挥财政引导作用。在我国现阶段，财政可持续性要服从于科学发展、优化公共资源配置等目标，以财政功能的可持续发挥为内在要求。

积极的财政政策是影响财政可持续的重要因素。一般而言，积极的财政政策的短期政策实施会带来长期的财政效应。以支出扩张、收入缩减为主要内容的积极的财政政策的实施必然会在短期造成财政收支压力；而扩张性政策的实施对社会有效需求的刺激并进而推动经济恢复持续增长，则有助于在长期保持财政收支平衡和财政稳定，并有助于形成财政支撑经济持续增长的良性机制。但如果过度采用，则可能使财政收支所面临的短期压力过大，以至于无法保证财政基本职能的履行，从而损害了财政可持续性，并最终从根本上损害了经济可持续性。

**如何理解我国的大规模减税降费
政策？**

2018 年以来，我国推出一系列大规模减税降费政策。减税降费是实施积极的财政政策、保持宏观经济稳中向好的重要举措，以财政收入的"减法"换取企业效益的"加法"和市场活力的"乘法"。根据税收减免形式和优惠特征不同，减税降费政策可以划分为五类，即税率优惠、加计扣除、加速折旧、增值税减免和其他减免政策。减税降费对于稳经济、稳预期发挥了至关重要的作用。

大规模减税降费的政策特点。

契合供给侧结构性改革要求。传统意义上的结构性减税，主要是从宏观经济政策层面来实施宏观调控，在相机抉择需求管理政策框架下，以稳定总需求为目标，着眼于熨平经济周期波动，解决短期性和周期性平衡问题。而大规模、实质性减税降费从宏观和微观两方面政策入手，以促进竞争和鼓励创新制度变革为目标，以供给侧结构性改革为着力点，以降低市场主体税费成本为抓手，着眼于优化经济结构，解决长期性和结构性平衡问题，实现经济增长由要素驱动、投资驱动转向创新驱动，推动高质量发展、新旧动能转换、经济结构不断优化升级。

　　聚焦降低市场主体税收负担。传统意义的结构性减税是在总体上减轻企业和居民税收负担前提下，实行有增有减的税收结构性调整，主要着眼于短期经济调节的临时性、局部性与辅助性需要而实施的减税。而大规模、实质性减税降费着力于理顺政府与市场的资源配置格局，将政府掌握的资源更多让渡给市场主体，更好地发挥市场在资源配置中的决定性作用。通过实施全面性、普惠性减税，实质性降低企业或居民税收负担，致力于构建与经济高质量发展相匹配的税制结构，发挥其减税负、惠民生、调结构、稳增长等多重效应。

　　具有不同于结构性减税的特点。一是普惠性。大规模减税降费同时释放政策红利，既全面减税，又大幅降低政府性基金和社会保险费，使各类群体普遍受惠，起到惠企利民、改善民生、拉动消费和鼓励投资的积极作用。二是精准性。在普惠基础上聚焦有利于经济高质量发展的制造业，针对较为困难的中小微企业、促进创新发展的研发企业及受疫情冲击影响较大的服务业，给予更大力度减税降费政策优惠。三是获得性。大幅度降低企业税费负担，提高产出收益率，增强收益回报水平，切实提升投资者和消费者减税降费获得感。

　　大规模减税降费的政策效应。

　　促进转型升级。2018年以来实施的大规模、实质性减税降费，体现了政府减税费、保就业、稳增长的决心，对激发市场活力、鼓励企业投资、增加产品出口、促进经济转型升级起到了重要支撑作用。一是激发市场活力。通过加大减税降费力度，提振企业整体信心，激发市场活力。二是鼓励企业投资。通过加大减税降费力度，减轻企业税费负担，有效降低企业成本，增加企业利润，提高企业经济效益，从而激发企业投资欲望，增强投资能力。三是促进产品出口。通过减税降费降低企业生产经营成本，促进供给。同时鼓励出口的减税政策，使得我国出口企业的产品成本下降，国际竞争力增强，达到增加出口、扩大外需的目的。四是推动经济转型升级。通过减税降费减轻实体经济税收负担，助推制造业等实体经济发展。通过研发项目税收政策支持，激励企业创新研发投入，为企业创新驱动、产业转型发展创造条件。

改善民生福利。我国减税降费不仅是应对经济下行冲击的短期之举，更是改善民生福利、增强经济内生动力的长远之策。一是改善收入再分配。提高个人所得税基本减除费用标准，设置专项附加扣除，有利于减轻中低收入者税收负担，缩小中低收入者与高收入者税后收入差距，从而起到改善收入分配的作用。二是拉动居民消费。减轻个人所得税税负有利于增加居民用于消费的税后可支配收入；降低增值税税率有利于减轻产品和服务税费成本，拉动居民消费。三是增加劳动就业。大力推进减税降费，一方面，可以刺激投资和需求，拉动经济增长，促进劳动就业；另一方面，减税降费红利可以直接转变为企业用工投入和人才培养资本，促进稳岗就业。四是支持创新创业。针对中小企业的减税降费政策支持，有利于改善中小企业创新创业环境，为中小企业创新创业发展提供新机遇。

 财政支出如何提质增效?

　　积极的财政政策适度加力、提质增效,将进一步牵引带动经济回升向好,形成经济发展和财政增长良性循环。"提质增效"意味着把同样的钱花出更大的成效,并加强与其他宏观政策协同联动,同向发力、形成合力,最大限度提升宏观政策的调控效能。

　　在优化财政支出方面,要紧紧围绕高质量发展要求,强化国家重大战略任务财力保障,加大基础研究投入,落实重大战略的财税举措,持续强化对重要地区的转移支付力度。

　　保持必要支出强度。优化组合赤字、专项债、贴息等工具,是积极的财政政策加力提效的重要内容。要用好增发国债、地方政府一般债、地方政府专项债等政策工具,加大财政资金统筹力度,适度增加财政支出规模,更好发挥拉动国内需求、促进经济循环的作用。要加强财政资源统筹,用好政策空间,找准发力方向。继续加大对经济社会发展薄弱环节和关键领域的投入,加快资金下达,保障基本民生、乡村振兴、区域重大战略、教育、科技攻关等项目建设需求，尽快形成实物工作量和投资拉动力。

提高财政资金效益。在优化财政支出结构上下功夫，用好增量、优化存量，坚持党政机关过紧日子不动摇，严控一般性支出，强化国家重大战略任务财力保障。切实推动前期出台各项政策特别是税费政策落地见效，确保惠民利民政策应享尽享，全力推动党中央关于做优实体经济、建设现代化产业体系、保障和改善民生等决策部署落地见效。同时，要进一步强化各级政府责任，加大民生保障力度，兜牢兜实基层"三保"底线。

提升财政管理质效。全面实施预算绩效管理，将绩效理念和方法融入预算编制、执行、监督全过程，加强对各类收支政策的评审评估，强化预算执行监督，提高财政管理科学化、标准化、规范化水平。

严格执行财经纪律。落实预算法定原则，严格执行各项财经法规和管理制度。切实硬化预算约束，严格规范财政收支管理，落实好各类民生保障标准，防止违规提标扩面。加强对财政资金全过程跟踪监控，坚决查处违法违规行为。严肃财经纪律，建立常态化监管机制，严查挤占挪用等违法违规行为，确保财政资金安全。

增强财政可持续性。兼顾当前和长远、需要与可能，坚持尽力而为、量力而行，统筹财政收支政策，强化财政可承受能力评估，持续防范化解地方政府债务风险，积极谋划新一轮财税体制改革，有效应对风险隐患。

财政支出绩效管理如何加强？

党的十九大和十九届四中全会提出了标准科学、约束有力、全面实施绩效管理等目标要求。为贯彻落实党中央决策部署，有效解决当前仍存在的预算控制偏软、约束力不强等问题，增强预算控制力和约束力，2021 年 4 月国务院印发了《关于进一步深化预算管理制度改革的意见》，提出了以下改革举措。

加强各级政府预算衔接。上级政府应当依法依规提前下达转移支付和新增地方政府债务限额预计数，增强地方预算编制的完整性、主动性。下级政府应当严格按照提前下达数如实编制预算，既不得虚列收支、增加规模，也不得少列收支、脱离监督。

实施项目全生命周期管理。将项目作为部门和单位预算管理的基本单元，预算支出全部以项目形式纳入预算项目库，实施项目全生命周期管理，未纳入预算项目库的项目一律不得安排预算。实行项目标准化分类，规范立项依据、实施期限、支出标准、预算需求等要素。建立健全项目入库评审机制和项目滚动管理机制。做实做细项目储备，纳入预算项目库的项目应当按规定完成可行性研究论证、制定具体实施计划等各项前期工作，做到预算一经批准即可实施，并按照轻重缓急等排序，突出保障重点。推进运用成本效益分析等方法研究开展事前绩效评估。

推进支出标准体系建设。建立国家基础标准和地方标准相结合的基本公共服务保障标准体系。各地区要围绕"三保"等基本需要研究制定县级标准。根据支出政策、项目要素及成本、财力水平等，建立不同行业、不同地区、分类分档的预算项目支出标准体系。根据经济社会发展、物价变动和财力变化等动态调整支出标准。加强对项目执行情况的分析和结果运用，将科学合理的实际执行情况作为制定和调整标准的依据。加快推进项目要素、项目文本、绩效指标等标准化规范化。将支出标准作为预算编制的基本依据，不得超标准编制预算。

推动预算绩效管理提质增效。将落实党中央、国务院重大决策部署作为预算绩效管理重点，加强财政政策评估评价和重点领域预算绩效管理，分类明确转移支付绩效管理重点，强化引导约束。加强政府和社会资本合作、政府购买服务等项目以及国有资本资产使用绩效管理。加强绩效评价结果应用，将绩效评价结果与完善政策、调整预算安排有机衔接。加大绩效信息公开力度。

强化预算对执行的控制。对预算指标实行统一规范的核算管理，精准反映预算指标变化，实现预算指标对执行的有效控制。坚持先有预算后有支出，严禁超预算、无预算安排支出或开展政府采购。严禁出台溯及以前年度的增支政策，新的增支政策原则上通过以后年度预算安排支出。规范预算调剂行为。规范按权责发生制列支事项，市县级财政国库集中支付结余不再按权责发生制列支。加强对政府投资基金设立和出资的预算约束。加强国有资本管理与监督。

》知识链接 预算全面绩效管理的内容

2018 年 9 月，中共中央、国务院印发《关于全面实施预算绩效管理的意见》。这一顶层设计旨在破解当前预算绩效管理存在的突出问题，以全面实施预算绩效管理为关键点和突破口，推动财政资金聚力增效，提高公共服务供给质量，增强政府公信力和执行力。

该意见提出要构建全方位预算绩效管理格局。实施政府预算绩效管理。将各级政府收支预算全面纳入绩效管理，提高保障和改善民生水平，确保财政资源高效配置，增强财政可持续性。实施部门和单位预算绩效管理。将部门和单位预算收支全面纳入绩效管理，推动提高部门和单位整体绩效水平。实施政策和项目预算绩效管理。将政策和项目全面纳入绩效管理，综合衡量政策和项目预算资金使用效果，并对实施期超过一年的重大政策和项目实行全周期跟踪问效，建立动态评价调整机制。

意见要求建立全过程预算绩效管理链条。建立绩效评估机制，强化绩效目标管理，做好绩效运行监控，并开展绩效评价和结果应用。还要完善全覆盖预算绩效管理体系。各级政府将一般公共预算、政府性基金预算、国有资本经营预算、社会保险基金预算全部纳入绩效管理。

不仅如此，意见还明确硬化预算绩效管理约束。财政部要完善绩效管理的责任约束机制，地方各级政府和各部门各单位是预算绩效管理的责任主体。项目责任人对项目预算绩效负责，对重大项目的责任人实行绩效终身责任追究制，切实做到花钱必问效、无效必问责。

此外，各级财政部门要抓紧建立绩效评价结果与预算安排和政策调整挂钩机制，将本级部门整体绩效与部门预算安排挂钩，将下级政府财政运行综合绩效与转移支付分配挂钩。对低效无效资金一律削减或取消，对长期沉淀资金一律收回并按照有关规定统筹用于亟须支持的领域。

国债的经济效应是什么？

国债的经济效应是指国债的运行对社会经济活动的影响，这种影响是多方面的。分析国债的经济效应需从多方面进行探讨。

国债的资产效应。国债发行量的变化不仅影响国民收入，而且影响居民所持有资产的变化，这就是所谓的资产效应。如果消费者认为当前发债和未来的税收并没有直接的联系，那么债券就会被看作总消费函数中总财富的一部分，若人们因持有债券而增加消费，说明国债具有资产效应。国债的资产效应使国债在经济增长中具有稳定功能。国债的增加能够增加居民持有的资产，因而发行国债在经济萧条时具有扩大消费、在经济旺盛时具有抑制消费的功能。

国债的需求效应。国债融资增加政府支出，可以通过支出的乘数效应增加总需求，或通过储蓄转化为投资，并通过投资的乘数效应，推动经济的增长。中央银行购买国债，将导致银行准备金增加，从而增加基础货币，对总需求发挥扩张作用，所以，一般而言，中央银行购买国债是叠加在原有总需求之上扩张总需求。商业银行或居民个人购买国债，一般来说只是购买力的转移或替代，不会产生增加货币供给，从而扩张总需求的效应。因为商业银行或居民个人购买国债只是商业银行拥有的资金暂时转由财政使用，或居民储蓄通过国债转化为投资，也就是购买力或资金使用权发生转移或替代，从而不发生扩张总需求的效应。在经济繁荣时期，由于资金供求紧张，发行国债会带动利率上升，可能对民间投资产生挤出效应，不利于民间投资的增长；在经济萧条时期，商业银行购买国债实际上是商业银行将暂时闲置的资金转由财政使用，将居民储蓄转化为投资，弥补了储蓄与投资之间的缺口，这不但可以推动经济增长，而且有利于提高商业银行的效益。

国债的供给效应。事实上国债不仅具有需求效应，而且具有供给效应，即增加供给总量和改善供给结构。政府发行国债取得的收入主要用于投资，而且主要用于那些具有排他性、非竞争性或具有外部效应的公共物品领域的投资，其中的首选是基础设施投资，还有高新技术投资、风险投资、农业投资、教育投资和开发大西北投资等。我国实施积极的财政政策，国债投资集中力量建成了大批重大基础设施项目，办了一些多年来我们想办而没有办的事，既增加了有效供给，也基本突破了长期存在的基础设施的"瓶颈"，改善了供给结构，这就是国债的供给效应。

国债治理面临哪些风险与挑战？

国债治理是国家财政管理的重要方面，主要包括发行、发售、偿还和管理国家债务的过程。国债治理面临着如下风险和挑战。

债务规模和结构问题。不合理的债务结构会增加偿债压力，加大财政风险。同时，随着政府债务（包括国债和地方公债）整体规模持续快速增长，经济发展的承债能力不断减弱，若地方政府债务占比持续上升，会面临较大的偿债压力。如果国家财政收入无法满足债务偿还的需求，就可能导致财政危机。财政可持续性是国债治理的核心问题之一，需要政府采取相应的措施来确保财政收支平衡，合理安排债务偿还计划，避免债务违约的风险。

资金使用效率问题。国债资金主要用于公共基础设施建设和民生工程，这些项目通常投资大、周期长、见效慢，导致国债资金使用效率不高。同时，由于缺乏有效的监督机制，部分地区存在挪用、侵占、浪费国债资金等违规行为，影响了国债资金的使用效益。

承销和发行风险。国债发行和承销过程中存在一定的风险，如销售不出去、被迫持有等，会对承销机构和发行人造成损失。同时，由于市场不确定因素的存在，如金融机构存贷款利率调整等，会对国债的发行和承销带来风险。

市场风险。国债市场价格受到多种因素影响，如利率变动、经济增长、通货膨胀等。这些因素可能导致国债价格的波动，从而影响投资者的收益。

政策风险。政府的政策变化可能对国债市场产生重大影响。例如，调整债务发行计划、改变债务偿还政策等可能会引起市场的不确定性，影响投资者的决策。因此，政府需要在制定和执行政策时考虑市场的反应，并加强与投资者的沟通和合作。

信用风险。国债是一种国家信用，如果国家财政状况出现问题，会导致国债违约，引发信用风险。此外，如果政府违背承诺、出现不当行为或者存在腐败问题，将严重损害国债市场的信誉，降低投资者的信任度。

监管风险。国债监管是国债治理的重要方面，如果缺乏完善的监管机制、监管力度不够、信息披露不透明或缺乏有效的风险控制机制等，都可能引发风险。

国际化和多元化挑战。随着全球经济一体化的发展，各国经济联系更加紧密，国债市场也面临更加复杂多变的外部环境，需要更加灵活地应对市场变化和风险挑战。此外，资本流动自由化是全球经济一体化的重要内容，这使得国债市场的资本流动更加频繁和复杂，需要加强对资本流动的监管和管理，防范市场风险和金融风险。

53 地方政府专项债券治理研究框架是什么？

地方政府专项债券治理研究框架是以系统科学综合集成方法为核心，在当前地方政府专项债券现状基础上，结合跨学科理论研究成果，建立适应中国特色的专项债券治理理论体系的框架。该框架需要满足的专项债券治理目标包括有效识别和控制专项债券项目风险、提升专项债券项目的运营效率。

专项债券由省、自治区、直辖市人民政府作为发行人，拥有地方政府的信用背书，因此一旦专项债券遭遇突发风险，不仅会影响其还本付息，也势必会影响到政府的信用。如果没有进行全生命周期债券管理导致风险应对不及时，专项债券违约大量出现，便会加大政府债务风险的发生概率。因此，专项债券治理的首要目标就是有效识别和控制专项债券项目的风险。此外，专项债券管理理论要能够有效指导债券项目现实管理，有效保障专项债券的顺利发行，开好地方政府的"前门"，研究和找出提升专项债券资金使用效率的路径与方法；通过债券管理的实施来提升专项债券项目的运营效率，保障地方政府融资能够健康持续开展。

紧紧围绕上述两个专项债券管理目标，在确定了地方政府专项债券管理方法论的基础上，不断补充完善管理要素，最终形成中国地方政府专项债券治理研究框架。主要分为以下三个方面。

构建地方政府专项债券全生命周期的管理模型。基于全生命周期理论，站在专项债券管理者的角度，根据我国专项债券实际情况，专项债券项目的整个生命周期可以分为五个阶段：规划期、发行期、建设期、运营期、清偿期。站在债券管理的角度，对专项债券项目的五个阶段分别开展风险识别工作，并将潜在的风险问题及时纠正，在此基础上以法律合同文件、资金流和行为三者为核心，建立有效的专项债券项目全生命周期债券管理体系。

　　探索专项债券全生命周期的动态管理。过去政府投资项目管理侧重于定期审计、检查与绩效评估等，这种事后风险管理方法很难有效管理当前的地方政府专项债券风险。地方政府专项债券管理应当更加侧重于全生命周期债券管理，从项目规划、发行，到建设、运营，直至债券清偿，将事前、事中、事后全过程动态的债券管理理念贯穿始终，才能有效控制管理地方政府专项债券风险。

　　将专项债券项目管理转化为项目赋能。只靠项目监督管理并不能从根本上改进债券管理现状。债券管理不只是发现问题、纠正问题或追究责任，债券管理的价值更在于帮助、指导项目建设运营主体解决问题，提升项目运营能力，推动项目低风险运行，真正发挥专项债券资金使用的效能，最终达成专项债券促发展的目标。

地方政府专项债券的项目绩效管理要求是什么？

　　针对专项债券发行使用过程中存在的问题，2021 年 6 月，财政部印发了《地方政府专项债券项目资金绩效管理办法》。这是目前关于政府专项债券风险与绩效管理的核心政策文件，该办法明确了对专项债券项目资金绩效实行全生命周期管理，涵盖事前绩效评估、绩效目标管理、绩效评价管理等环节，弥补了专项债券监管制度的空白，是政府专项债券风险管理、绩效管理等监管审查的重要指南。该办法中指出的专项债券项目绩效管理要求主要包括以下三个方面。

事前绩效评估要论证专项债券项目的全流程，夯实项目实施的必要性和可行性。事前绩效评估主要是从八个方面覆盖专项债券项目的全过程，以此来评估资金支持项目的必要性和可行性，包括：项目实施的必要性、公益性、收益性；项目建设投资合规性与项目成熟度；项目资金来源和到位可行性；项目收入、成本、收益预测合理性；债券资金需求合理性；项目偿债计划可行性和偿债风险点；绩效目标合理性；其他需要纳入事前绩效评估的事项。事前绩效评估环节的设定将推动各级财政部门、项目主管部门和项目单位在设计完专项债券项目后，还要再反过来考虑项目每个环节内容的科学性和精准度。

绩效目标管理要重点反映项目的产出和效益指标，通过指标的细化量化反映预测项目的全过程管理。要真正做到"有效"反映，指标的制定必须具体明确。《地方政府专项债券项目资金绩效管理办法》第七条明确要求，绩效目标应当重点反映专项债券项目的产出数量、质量、时效、成本，还包括经济效益、社会效益、生态效益、可持续影响、服务对象满意度等绩效指标。并且绩效目标要尽可能细化量化，能有效反映项目的预期产出、融资成本、偿债风险等。

绩效评价管理的开展要实现全面化和常态化。《地方政府专项债券项目资金绩效管理办法》规定，绩效评价以项目单位自主开展绩效自评为主，主管部门和本级财政部门选择部分重点项目开展绩效评估，省级财政部门选取部分重大项目开展绩效评估，财政部在必要时直接组织开展绩效评价。该办法还明确了省级财政部门每年开展重大项目绩效评价的资金规模，原则上不低于本地区上年新增专项债务限额的5%，并逐步提高比例。并鼓励引入第三方机构，对重大项目开展重点绩效评价。该办法还指出，绩效评价信息公开要按年度开展，并明确了公布时间及渠道，在每年6月底前公开上年度专项债券项目资金绩效评价结果。此外，项目绩效评价结果要在全国统一的地方政府债务信息公开平台上公开，自觉接受社会监督，通过公开推动提高专项债券资金使用绩效。

❯ 知识链接 **专项债项目事前绩效评估方式**

专项债项目事前绩效评估方式，即依据设定的绩效目标，运用成本效益分析法、比较法、因素分析法、公众评判法、标杆管理法等定量分析和定性分析相结合的方法，对项目决策、管理、产出和效益等指标，进行客观公正的测量、分析和评判。

 地方政府专项债务治理面临哪些问题
与挑战?

债务责任不清，信用评级错位，预算软约束。在专项债券发行、使用、本息偿还过程中，省级政府是举债主体，但实际用债和偿债的往往是市和区县，在一定程度上存在债务主体责任不清、信用评级错位的现象。

前期准备工作不足造成项目实际落地不及预期。由于专项债券发行额度实行限额管理，部分市、县为抢占本省专项债券额度存在虚报项目的情况，在前期准备不充分的情况下，上报可行性低甚至不具有可行性的项目。前期准备工作不足具体表现为对项目用地是否符合土地规划、项目是否配套有足额的建设用地指标、是否能顺利完成征地拆迁等关键环节，未做充分实际调查。上述情况导致一些专项债券对应项目进入实施阶段后，在进度、质量和绩效等各方面达不到预期要求。

投资拉动效果欠佳，专项债券用途泛化和项目形式化。投资拉动效果欠佳，尚未形成与申报投资额度相一致的"实物工作量"。在实际工作中，一些地区的专项债申请、发行与资金到位等不能与项目手续的完善、项目实施条件、项目建设进度等实物工作量建立协调对应的关系。专项债券用途泛化和项目形式化。一是地方政府容易出现"重专项债券的申报，轻专项项目的后续管理"，造成项目停滞、项目内容的擅自改变、项目收益较差等。二是一些地区仍热衷于"千方百计包装项目"，有意抬高项目的未来预期收入，甚至借助专项债券向融资平台注资等，导致出现地方政府新增隐性债务。三是将新增专项债券的资金用于置换存量债务，搞形象工程、面子工程，用于经常性支出，用于发放工资、单位运行经费、发放养老金、支付利息，用于商业化运作的产业项目、企业补贴等。四是部分专项债券项目由地方融资平台公司担任实施主体，在没有配套专户管理的情况下，当财政资金进入项目公司后，容易产生资金管理混乱。

项目偿债资金来源单一，项目经营性现金流较弱。部分项目偿债资金主要依靠土地出让收入，对于精准扶贫、生态以及棚户区改造等领域的重点项目，其偿债的主要资金来源中土地出让金的比例甚至达到90%。同时区域间土地使用权出让收入差距较大，"土地财政"发展模式不可持续，甚至出现"一地多用"等局面。此外，目前专项债券项目其他经营性收入的探索较少，市场化的经营性现金流较弱。由于前期项目库建设滞后，一些地方政府选择发行专项债券时，并未对项目现金流、可持续性、营利前景、风险因素等进行详细分析与评估。

发行机制不健全，诱发违规举债用债。地方政府专项债券发行使用起步较晚，无论是理论研究、政策体系，还是工作经验，都不成熟，主要表现为各级地方政府专项债券举债、用债活动不够规范，具有一定的随意性。

管理缺乏偿还、风险和市场意识。部分地方政府在债券管理中尚未扭转"保限额基数、分限额增量"的惯性思维，缺乏提升债券使用效率、形成优质资产的行动自觉。一是缺乏偿还意识。一些地方政府认为专项债券资金是上级政府对下级政府的财力支持，未来不需要实际偿还，一味争取新增专项债券额度指标。二是风险意识不足。专项债券资金用于有一定收益的公益性项目，偿还需要依赖该项目未来的收益与对应的政府性基金收入。若只考虑资金支出，不重视项目收益，未来可能会面临巨大的偿债风险。三是对专项债券作为金融产品的属性认识不足。专项债券作为金融产品，在发行和使用过程中，需要证券公司和评级机构等三方机构提供专业服务，这些服务是有偿的。不能因为发债主体是省级政府，就抱怨正常的市场收费，甚至不愿支付或拖欠相关费用。

如何提升地方政府专项债务风险治理能力？

就目前来看，已经发行的专项债券项目，普遍存在收益不及预期的问题，究其原因，政府投资的专项债券项目全生命周期管理的能力不足是一个重要方面。要从项目规划、投资建设、项目运营三个层面提升把控项目质量和风险的能力。

首先，在项目规划能力方面，地方政府专项债券作为重要资金来源，对有效投资具有关键作用。要筛选出优质专项债券项目，并对项目建设运营进行合理规划，具体的项目规划涉及统筹财政、金融、工程项目等多领域专业复合知识，不仅对专业性要求较高，而且还需要具体的实际运营经验支撑。目前，地方政府对专项债券项目的整体规划和筛选能力尚未达到要求，第三方咨询机构缺乏实际项目建设运营经验。如果要在短期内提升地方政府的项目规划能力，最有效的路径是多元共治，充分吸收具有建设与运营实际经验的社会主体参与项目规划，让项目最终的建设运营单位在规划期就能够参与项目工作，把后期面临的各种问题做好提前应对，最大限度提升项目的成熟度。

其次，在项目建设能力方面，专项债券项目往往周期长、投资大、工程量大、建设过程复杂。现实中地方政府本身不具备建设能力，需要委托隶属于地方政府的国有企业作为建设单位，平台公司在项目建设中承担着工程建设和管理等责任，因此平台公司的建设能力决定了债券项目的建设能力。如果建设单位缺乏管理能力，项目就会面临成本控制、工期管理、项目质量等风险。引入具备专业能力的咨询机构为项目建设单位提供专业的全过程工程咨询支撑，可以有效保证项目建设的工程进度、质量与成本在可控范围内。

最后，项目运营能力直接决定了债券项目资产的质量，是解决专项债券项目未来收益和债务清偿的关键。目前大部分专项债券由政府委托所属国有企业作为运营主体，这种运营模式存在多方面问题，如市场化程度不够、运营能力有限、项目前期规划不足等。考虑到市场环境、政策调整的即时变化，专项债券项目运营不可能完全按照债券发行方案进行，前期运营方案只是对于债券运营的计划，最终一定要由具体运营主体根据实际情况进行调整，制定更加贴近现实的运营方案。因此，地方政府需要借助具备相应的运营调整能力和经验的第三方实体进行运营管理，充分考虑市场环境和政策变化，使项目运营方案更加贴合实际情况。

综上所述，地方政府需要提升项目规划、建设和运营能力，来提升地方政府专项债务风险治理能力。这种提升可以通过吸纳社会力量参与规划、引入全过程工程咨询、委托第三方实体进行运营管理来实现。这不仅能够提高专项债券项目的建设效率，还能最大限度确保项目的成熟度和可持续发展。

▶ 知识链接　全过程工程咨询

全过程工程咨询是专业公司在建设项目从规划到运营

的整个过程中提供的全面服务，包括可行性研究、设计、施工、质量控制、成本管理、验收和后期维护，旨在协助业主全面管理项目，确保在各阶段达到高质量、高效益，并保持经济可行性。

地方政府一般债务治理面临哪些问题与挑战？

我国法律规定，地方政府的一般债务必须经过批准并按规定审批后，才能发行和借款。目前，我国地方政府一般债务的存量规模呈不断增长的趋势，为了缓解地方政府一般债务的负担，政府制定了出租出售资产、债务置换、财政转移支付、优化债务结构和期限管理、强化财务监管和审计等一系列措施。这些措施在一定程度上缓解了地方政府一般债务带来的风险与压力。与此同时，地方政府一般债务治理仍面临着一些问题和挑战。

高债务规模和快速增长。我国地方政府一般债务的规模持续增加，债务存量逐年攀升。Wind 数据显示，到 2023 年，我国地方政府一般债务存量已经达到 15.7 万亿元。这种快速增长的态势使得债务规模趋于庞大，给财政稳定和经济可持续发展带来了压力。

债务结构不合理，存在期限错配。地方政府一般债务的结构问题主要表现为短期债务过高。我国地方政府一般债务资金主要投向市政基础设施建设，此类项目大多为公益性投资，很难产生经营性现金流，资金回收速度较慢，投资周期长。短期债务的高比例可能导致偿债压力加大，同时存在着"借新债还旧债"的风险，Wind 数据显示，2022 年我国地方政府新增一般债 7182 亿元，其中超过 6000 亿元的债务期限为 10 年以下。

偿债压力增加。随着地方政府一般债务规模的扩大，未来偿债压力逐步增加，特别是在经济增速放缓、财政收入减少的情况下，地方政府偿债压力更加突出，可能面临偿债困难，甚至出现偿债违约的风险，对金融市场和社会信用造成不良影响。此外，一些地方政府在进行一般债务融资时缺乏计划性，可能会导致债务偿还期限集中，进一步加大了偿债压力。

债务回收效果不佳。尽管我国已经出台了一系列政策和措施，如出租出售资产、债务置换等，但债务回收效果并不理想。一方面，资产出售面临市场需求不足、价格不理想等问题；另一方面，债务置换虽然可以缓解部分债务压力，但也存在着债务转移和再融资的风险，且成本较高。

土地财政模式的收入波动。地方政府债务偿还的可持续性在很大程度上依赖于土地财政，其中土地出让收入作为重要的债务偿还保障。然而，这种依赖也带来了一定的风险，一方面是对土地市场波动的依赖过高，另一方面是对未来土地出让收入能力的不确定性，可能会影响地方政府的偿债能力和财政稳定性。

财政金融风险互溢。当地方政府的债务违约风险即当期财政难以偿还现有存量债务或支付债务利息发生时，地方政府性债务风险可能诱发系统性金融风险。主要传导机制为：地方政府债券的持有者主要是商业银行，而商业银行是金融体系的核心，一旦地方政府出现债务违约，那么商业银行也将出现流动性危机，进而可能危及整个金融系统的稳定，甚至触发系统性金融风险。

58 如何防范化解地方政府一般债务风险？

实现高质量发展是防范化解地方政府债务风险的关键。地方政府应树立正确的发展观，以高质量发展为导向，推动经济社会的发展。高质量发展为防范化解地方政府债务风险提供了有力的支持。首先，高质量发展能够使债务融资的公益性项目正常运行，减少风险的外溢。债务融资的项目本身存在一定的风险，但通过高质量发展，项目能够更好地运行和发展，降低风险的发生概率和影响程度。其次，高质量发展能够缩小债务规模。债务规模与经济的发展紧密相关，随着经济的增长和时间的推移，原本庞大的债务规模也会相应缩小。最后，高质量发展能够提供经济增量，从而为防范化解债务风险提供财力支持。

控制地方政府债务的规模。控制地方政府债务的规模是防范金融风险和维护经济稳定的重要举措，具体包括设定债务限额、强化债务审批和管理、加强财政监管和风险评估、推行责任追究机制、加强绩效评估和财政约束等。

财政体制改革。首先，需要理顺政府间事权、支出责任和财力划分。在分税制改革之后，财力逐渐向中央集中，但城市基础设施建设支出责任通常由地方政府承担。然而，在快速城镇化的进程中，地方政府不得不通过大规模举债，以填补基建资金的缺口。因此，需要进一步完善中央和地方的财政体系，以确保不同级别的政府承担相应的事权、支出责任和财力。其次，需要消除地方政府对中央的无限兜底预期。在目前的行政体制下，当地方政府面临破产风险时，通常期望中央政府的救助，而地方政府过度举债的一个原因就是对中央政府债务兜底的预期。因此，需要消除中央政府对地方政府的救助预期，并打破地方政府对中央的财政支持预期。建立明确权责的政府举债机制，"谁举债谁负责、谁融资谁负责"，以约束地方政府的预算，并迫使其在举债时谨慎选择，量力而行。

金融体制改革。地方政府债务规模的持续增长一定程度上得益于金融机构的支持，商业银行积极参与地方隐性举债，部分原因是它们相信中央政府会对其提供兜底支持，同时也存在地方政府对金融机构运行的干预。因此，未来需要明确政府与金融机构之间的关系，深化金融体系的市场化改革，通过有效的市场约束促进地方政府债务管理体制的健全和完善。

首先，减少地方政府对金融机构的行政干预，促进金融机构的市场化运营。这可以通过打破地方政府控制金融资源的"隐性金融分权"格局实现。同时，应防止地方政府以财政存款或财政补贴等方式诱导商业银行的经营行为，并阻止地方政府通过行政干预影响地方政府债券的定价。另外，应通过改善地方性商业银行的公司治理结构，提高其风险识别能力和风险防范意识，加强经营审慎程度。建立金融机构优胜劣汰的市场退出机制，打破地方政府对金融机构的救助预期，进一步促使金融机构审慎稳健地经营。

其次，健全地方政府债券的市场化发行与定价机制。第一，要提高地方政府财政信息的透明度，建立地方政府资产负债表、综合财务报告等制度，使债券的评级与定价能够充分反映其真实风险，形成有效的政府债券市场定价机制。第二，应促进投资主体的多元化，鼓励证券公司、基金公司、保险公司和个人投资者等机构和个人参与地方政府债券市场，提高地方政府债券的流动性，进一步调动市场力量，参与地方政府债务管理。

〉知识链接 地方政府一般债务风险的内涵

地方政府一般债务风险是指地方政府难以按时支付债务本金和利息的风险，以及由此引发的其他风险，可分为直接风险和间接风险。直接风险（或财政风险）主要体现在当前财政状况下难以偿还现有债务的情况，或付息能力受限，这意味着地方政府可能无法按照借款合同的约定进行偿还，导致债务违约的可能性增加。间接风险主要体现为：其一是金融风险。即债务违约可能对金融系统造成冲击。地方政府的债务问题可能影响银行和其他金融机构的资产质量或者流动性，引发金融市场的不稳定性。其二是宏观经济风险。即地方政府债务违约可能对整体经济产生负面影响，例如投资者对债务违约问题的担忧可能导致投资意愿下降，经济活动受限。其三是社会稳定与发展的风险。地方政府债务违约可能导致政府公共服务能力下降，影响教育、医疗、社会保障等领域的发展。

不同形式财政赤字弥补方式的经济效应是什么?

根据前述问题,关于弥补财政赤字的方式,主要有增加税收、削减开支、举借债务等。以下将依次解释它们带来的经济效应。

增加税收。增加税收可以通过调整税收政策和加强税收征管完成。增税政策对经济的影响要结合财政支出观察,例如,两次世界大战时期的美国通过提高现有所得税税率,为政府增加税收收入,弥补财政支出,大量军工订单大幅刺激美国汽车、航空、船舶工业的蓬勃发展,为美国积累了雄厚的工业能力和经济实力,为战后美国的全球霸主地位奠定了基础。中国于 2018 年开始征收环保税,这是中国首次以税收的形式对污染物排放进行收费。它在弥补因环境保护产生的财政支出的同时,也促进了环境保护,进而带来了环境收益和可持续的经济发展收益。严征管的案例也可以从近年来中国税务部门对偷税漏税行为的依法追缴处罚得以体现,严征管弥补了财政收入被侵蚀的漏洞,也依法维护了社会公平正义,为社会营造了更加良好的营商环境,也为遵法守法企业增加了投资信心,促进了经济良好发展。

削减开支。1994 年,加拿大的公共债务情况不容乐观,引起了国内外投资者对持有加拿大政府债券的担忧。当时，加拿大政府（联邦和省级）面临着巨大的预算赤字问题。到了 1995 年，加拿大的财政状况已经变得非常严峻。为了解决这些问题，加拿大政府通过财政紧缩举措，成功缓解了政府赤字危机。从 1995 财年到 1998 财年，联邦政府的项目支出（扣除对联邦债务的利息支付）从 1231 亿加元减少到 1113 亿加元，减少了近 120 亿加元。考虑到这段时间加拿大经历了温和的通货膨胀，实际支出的削减额更大。以 2002 年的加元计算，项目支出从 1995 财年的 1424.4 亿加元减少到 1998 财年的 1229 亿加元，实际减少了大约 200 亿加元，相当于三年内政府预算实际减少了近 14%。

该削减政府开支的举措成功与否，反映在加拿大国债信用评级变化中。标准普洱（S&P）于 1995 年 3 月将加拿大的评级由 AAA（最高评级）下调至 AA+，在削减措施得到成效后，2002 年 7 月加拿大恢复至 AAA 评级。足以可见，削减政府开支除了缓解政府财政赤字外，也可为稳定社会评价和内外部投资注入信心。

举借债务。发行政府债券是各国普遍使用的常规手段，这里以日本为例。日本政府长期以发行国债来弥补其财政赤字。在日本近三十年经济低迷、人口老龄化导致社会福利支出持续增加的大背景下，2021 年新冠疫情叠加日本东京奥运会急需振兴经济的多重影响下，大量发债的举措得到了持续和显著的加强。虽然发债可以应对短期突发社会问题造成的支付赤字，但不是长久之计，治标不治本。日本政府近年来的大规模债务是建立在其社会因经济低迷而长期维持的低利率背景下，旨在通过以政府债务的方式刺激经济，同时维持政府债务的低利率偿还。但是美国为了抑制在疫情期间无限量化宽松造成的通胀高涨，美联储于 2022 年初开启了加息周期，提高美债利率达到 22 年来最高水平，紧缩的货币政策使美元回流，并吸收他国资本，使得全球经济体不得不提高本国利率以应对美元潮汐。日本也不得不在日元利率和汇率之间做平衡选择。提高利率可以稳定汇率，但是大大增加日本政府债务的偿还利息；维持低利率，日元就会对美元大幅贬值，造成日元标的资产对美国大幅贬值，难逃潮汐过后被美元资本收割的结局。最终，日本选择了后者。由 2020 年平均 1 美元兑 106.94 日元到 2023 年最高 1 美元兑 151.56 日元，贬值了近一半。与此同时，日本 10 年期国债收益率由 2020 年初最低 −0.1530％大幅上升到 2023 年 11 月 1 日的 0.947％，增加了日本政府偿债压力。由此可见，过高的债务水平将引发一系列社会经济问题。

量化宽松的货币政策。合理运用货币政策以调节经济和控制政府财政赤字，是各国政府和央行的重要手段之一。货币政策的两个方向分别是加息缩表和降息扩表，这里我们主要讨论量化宽松也就是降息扩表的方式来弥补财政赤字。量化宽松的货币政策将新增货币通过政府债务传导至市场，将有效缓解政府财政赤字，并降低市场利率和活跃资金流动，达到温和通胀，实现经济蓬勃发展；但是过快或超额的通胀也会引起 CPI 过快增长。所以适当合理的货币政策确实能调节经济发展，但是一旦过量则又容易导致矫枉过正，走向另一个极端。

结构性改革。政府和社会资本合作（PPP）模式可以视为结构性改革的一个实例。这种模式通过引入私营部门的资本、技术和管理专长来协助政府实施基础设施和其他公共项目建设。PPP模式的核心是政府与私营部门之间的长期合作，其中私营部门参与政府项目的融资、建设、运营或维护。通过PPP模式的运作，可以有效缓解政府在一些基础建设投资和民生议题投资支出上的不足。除此之外，精简政府机构和编制人员、建设服务型政府都是近年来中国结构性改革的热门话题。政府将一部分公共项目市场化运行，可以在有效增加市场主动性、积极性，减少财政支出压力的同时，让利市场，提高经济运行效率。

出售国有资产。希腊在债务危机期间，出售了包括公共事业、旅游胜地、雅典机场和比雷埃夫斯港在内的特许经营权，以及OTE电话公司的政府股份，推进希腊农业银行的部分私有化。这个计划是希腊与欧洲金融稳定机构达成的协议的一部分，以期在更优惠的条件下借款。最初的计划是在2015年前通过出售这些资产以筹集500亿欧元，大约占当时未偿债务的17%。与结构性改革的主观能动性不同，一般情况下，出售国有资产多是政府眼下的无奈之举。当政府不能掌握主导权和议价能力时，很有可能导致优质国有资产被贱卖，造成公共利益的损失。虽然能解财政的燃眉之急，但是造成的损失却可能是长远的。

如何防范财政赤字风险？

财政赤字风险是财政风险的重要方面，指政府财政支出长期超过财政收入，导致财政赤字规模持续扩大。一定期限、一定规模的财政赤字，对缓解财政支出压力、发挥财政逆周期调节作用、助推经济在合理区间运行具有积极意义。但是，一旦财政赤字持续膨胀，造成长期巨额赤字以及政府债务负担率持续上升，就有可能对财政可持续性构成威胁，引发通货膨胀和经济不稳定等问题。习近平总书记在党的二十大报告中强调，要"主动防范化解风险"①。财政是国家治理的基础和重要支柱，有效防范财政赤字风险是增强财政可持续性、提升国家治理体系和治理能力现代化的关键。我国财政赤字风险管理实践主要体现在以下三个方面。

推进财政收入体系现代化，保证国家财政的汲取能力。财政收入由税收收入、涉费收入、罚没收入、政府基金收入等多种收入来源构成。其中，税收是最主要、最具稳定性和可预测性的财

---

① 习近平：《高举中国特色社会主义伟大旗帜　为全面建设社会主义现代化国家而团结奋斗——在中国共产党第二十次全国代表大会上的报告》，人民出版社 2022 年版，第 28 页。

政收入来源，国家的征税能力也被视为国家财政汲取能力的主要体现。因此，财政收入体系现代化的本质要求就是强化税收在财政收入中的主体地位，加强财政收入的法治性、规范性和稳定性建设。近年来，我国实行的以环境保护税取代排污费、清理规范政府性基金和行政事业费收入、社会保险费和多项非税收入逐步划转税务部门征收等措施，都是财政收入现代化建设的重要举措。

确定科学的赤字率水平，保持财政支出适度强度。财政赤字率是财政赤字占国内生产总值的比率，是衡量财政积极程度和宏观政策的代表性指标。为确保财政赤字风险可控，我国在适度扩大支出规模、满足实际公共支出需求的同时，科学、审慎制定财政赤字率水平，为应对未来可能的风险挑战预留空间。2023 年初，我国的财政赤字率定为 3%，相较于 2022 年提升 0.2 个百分点；2023 年中，为满足地方灾后建设等公共支出需求，财政赤字率进一步提升至 3.8%。但即使在 3.8% 的财政赤字率下，我国政府负债率仍处于合理区间。

加强财政治理，提高财政支出效率。财政支出效率是触发财政赤字风险的重要因素，也是防范财政赤字风险的关键策略。2018 年《关于全面实施预算绩效管理的意见》发布，要求建立"全方位、全过程、全覆盖"的预算绩效管理体系。2023 年中央经济工作会议提出，"积极的财政政策要适度加力、提质增效"，即强调在必要的支出强度下，要保证财政资金的使用效益。从财政绩效管理入手，强化财政治理在财政预算规划、执行、评价和监督各个环节中的作用，将财政支出效率嵌入财政赤字风险管理系统，对于提升财政资源配置效率和效能，将财政赤字控制在合理范围发挥着重要作用。

❯ 知识链接　各国财政赤字警戒线

　　国际上，财政赤字警戒线一直被认为是"3%"，这个规则源自 1991 年欧共体首脑会议通过的《马斯特里赫特条约》。虽然"3%"不是必须严格遵守的强制性标准，但仍受到各国普遍重视，被欧盟等经济体视为衡量一国财政风险的警戒线之一。与此同时，各个国家根据不同时期的经济发展需要、债务余额、物价水平、偿债能力等，采用的赤字率也会因时而异。在实践中，美国、日本等主要经济体赤字率常年在 3% 以上，欧盟各成员国赤字率也经常出现高于 3% 的情况。2020 年，我国赤字率也首次突破 3%，按 3.6% 以上安排。因此，尽管有关于财政赤字警戒线 3% 的讨论，但也并非硬性约束，需要根据经济发展状况、债务支出使用效果等情况加以评判。

如何理解财政赤字货币化?

　　财政赤字货币化主要是指中央银行通过发行货币为政府债务融资。具体有四种表现方式：一是货币现金转至国库。央行创造货币现金直接转移至国库，供政府使用。二是央行承购国债。由央行在一级市场直接购买国债。三是债务减记。央行直接削减持有的政府债券规模，降低政府债务负担。四是债务转化。央行将持有的政府债务转换为零息永续债券。

　　从国际经验来看，财政赤字货币化往往是特殊经济时期的特殊举措，并非一种常态化的政策措施。多数国家在法律上对第二种方式进行明确限制，不允许中央银行通过一级市场为财政赤字直接融资。在我国，1995年《中华人民共和国中国人民银行法》明确"中国人民银行不得直接认购、包销国债和其他政府债券"。但是财政赤字货币化作为一种政策效果，在日本、美国等发达国家特定的经济时期是存在的。例如，为应对2020年新冠疫情对经济的冲击，美国启用了量化货币宽松政策，美联储宣布将利息降至零，向市场投放大规模的基础货币流动性和实施经济刺激方案，并且通过公开市场操作吸收大规模国债。短期来看，这种财政赤字货币化政策通过增加市场流动性，能够有效带动基础设施建设、医疗教育等社会投资，在拉动就业、增加社会需求等方面为经济发展提供动力，从而有助于经济发展从赤字支出中获益。但长期来看，这种政府发债、印钞又由政府购债的模式很难从根本上解决财政赤字问题。一方面，货币长期超发，货币投放量严重超过流通实际所需货币量，很可能引发通货膨胀问题；另一方面，理论上，在财政赤字货币化情况下，政府债务没有上限，这种无上限的政府债务除了引发通货膨胀问题外，还会导致汇率崩盘等一系列金融风险，甚至对全球经济产生重大影响。

本质上，针对"财政赤字货币化"问题的热烈讨论，反映了实现财政政策和货币政策协同配合的重要性，以及进一步丰富我国宏观经济调控手段、拓宽财政货币政策协同配合空间的必要性。对于当下的中国，经济恢复以及财政收支情况好转的趋势已经逐渐明显，即使存在一定的政府债务，其规模也在可控区间内，可以利用已有的政策工具有序应对，财政货币政策尚存在较为宽松的作用空间。2023 年底中央经济工作会议指出，要"增强宏观政策取向一致性"。在此背景下，坚持科学审慎的原则，在现有的政策框架下积极探索财政政策和货币政策的协同配合方式，并通过制度创新，建立起财政部门与货币金融部门之间的协同机制，将成为应对财政赤字问题，并防范化解公共风险的重要方向。

如何保障财政可持续性？

　　财政可持续性不仅仅是一个"当期"的概念，也是一个"未来"的概念，反映国家或地区财政存续能力和状态，即财政是否能够支持未来任何一个时期政府履行其基本职能。一般来说，主要从财政平衡、偿债能力及筹资能力三个方面衡量财政的可持续性：在当下以及未来的任何一个时期，政府都能够实现财政收支平衡、具备如期偿还债务的能力，以及有能力举借新的债务，则意味着财政具有可持续性；反之则不可持续。

　　自 2009 年积极的财政政策实施至今，我国财政赤字和政府债务规模不断扩张，财政收支矛盾也日益明显。为推动我国经济持续高质量发展，财政仍需担负重要的稳增长责任，强化财政可持续性至关重要。在此背景下，我国通过一系列实质性的措施防控和化解财政运行中的矛盾和风险，对提升财政可持续性、保障财政运行安全发挥了重要作用。具体包括：

　　增强国家财政统筹力度。财政资源统筹是保证财政可持续性的首要之义。针对经济发展形势和财政收支情况，我国逐步强化财政资源统筹。在预算编制上，确保政府预算编制的规范性和科学性。重点保障党中央、国务院决策部署的重大政策、重要改革

159

和重点项目。在预算执行上，加强经济形势和财政收支分析研判。保障预算执行情况和经济发展状况基本匹配，为高效统筹经济社会发展提供了必要的财力支撑。

提升财政资源利用效能。财政资源利用效能是影响财政可持续性的重要因素。我国 2021—2023 年连续三年中央经济工作会议均提到，积极的财政政策要提升效能。在此背景下，我国财政部门根据经济形势的发展要求，适时调整财政资金的支出结构，优化财政资源配置，将有限的财政资源投入到经济发展的关键领域和民生保障的关键项目。同时，逐步加强财政预算绩效管理。通过"全方位、全过程、全覆盖"的预算绩效管理体系，有力推动了财政资金聚力增效，预算管理水平和政策实施效果显著提升。

坚决防控地方债务风险。地方债务是财政可持续性的关键性问题，具有高度的复杂性，2023 年 7 月中共中央政治局会议明确提出"要有效防范化解地方债务风险，制定实施一揽子化债方案"。为有效防范地方债务风险，我国不断强化地方政府债务管理约束，压实地方责任，按照"省负总责，市县尽全力化债"的原则制定化债方案。同时，财政、金融政策协同发力，通过再融资政府债券以及金融机构展期、置换等市场化方式，分类化解政府债务风险。

平衡地方政府财权和事权关系。保障财政可持续性还需要从制度层面解决财政事权与财政支出责任匹配问题。自我国 1994

年实施分税制财政体制改革以来，规范的中央对地方转移支付制度逐步建立。通过优化一般性转移支付增长、严控专项转移支付、推进转移支付依法管理等各项措施，总体上形成了以财政事权和支出责任划分为依据，以一般性转移支付为主体，共同财政事权转移支付和专项转移支付有效组合、协调配合、结构合理的转移支付体系。

63 积极的财政政策在稳增长中发挥着什么作用？

"稳"是经济高质量发展的基础。2023 年中央经济工作会议指出，我国经济回升向好，高质量发展扎实推进。但是面对复杂性、不稳定性和严峻性持续上升的外部经济环境，如何巩固已有的发展成果，并保持一定的经济增速，形成良性经济发展循环仍是我国经济发展的重要任务。财政是国家治理的基础和重要支柱。逆周期调节，促进经济实现"量"的合理增长与"质"的有效提升，推动我国经济行稳致远，是积极的财政政策的应有之义。具体来说，积极的财政政策在助力实现经济稳增长中发挥着以下作用。

发挥财政稳投资促消费作用，扩大国内需求。财政投资能够通过增加有效供给进而激发潜在消费，刺激需求。一方面，体现在对特定领域商品和服务消费的支持，财政资金向新型基础设施、节能减排减碳等领域流入，能够有效弥补市场需求的不足。同时，这种投资带动作用还有助于撬动社会资本的投资积极性。另一方面，财政资金向社会保障和公共服务领域的投入，有助于改善消费环境，提升居民的消费能力和信心。

防范化解重点领域风险，促进经济平稳运行。积极的财政政策在防范化解重大风险中发挥着重要作用。首先，面对宏观经济下行趋势，大规模的减税降费、退税缓税缓费措施，可以极大地稳定微观市场主体，及时避免经济发展下滑和大面积失业。其次，对于地方政府债务风险，通过多种政策工具化解存量、遏制增量，可以有效防范系统性金融风险。尽管我国部分地区债务风险仍然较高，但是整体仍处于可控区间。最后，面临疫情冲击，积极的财政政策既发挥主动作用，又注重精准有效，可以在防范化解风险的同时保障财政的可持续性。

支持重点领域发展，促进科技创新、资源节约和绿色低碳转型。经济稳增长涉及的各个重点领域改革，不仅需要财政直接性的基础设施投资等基础硬件支持，同时也需要以财税体系建设为主的制度环境支持。例如，在科技创新方面，财政资金的大规模投入能够为完善技术研发设备、开展前沿技术和核心技术攻关提供有力的财政支撑；针对性的减税降费政策也有助于引导社会力量，激发企业在科技创新中的主体作用，推进具备技术核心竞争力的现代化产业体系建设。在资源节约和绿色低碳转型发展方面，针对性的财税政策有助于吸引更多社会资本投入绿色发展重点领域，加快建设新型能源和资源节约集约循环高效利用，提高经济可持续发展能力。

 知识链接　**什么是碳达峰、碳中和?**

2020 年 9 月，习近平主席在第 75 届联合国大会上宣布，中国力争 2030 年前二氧化碳排放达到峰值，努力争取 2060 年前实现碳中和目标。碳达峰（Carbon Peak）是实现碳中和的前提和基础，只有实现碳达峰才能逐步实现碳中和。碳中和（Carbon Neutral) 是指在规定时期内，二氧化碳的人为移除与人为排放相抵消，即通过植树造林、节能减排、碳交易等各种减排措施来抵消或平衡人类活动所产生的碳排放量，使净排放量为零。这有助于减缓气候变化对环境和社会的影响，促进可持续发展。

64　积极的财政政策经过哪些阶段性变化?

1998—2004 年，以支出扩张为主。为应对亚洲金融危机的影响，1998 年，国家发展计划委员会正式决定开启积极的财政政策，主要措施包括增发国债、促进出口、加大基础设施投资等，通过扩大政府支出刺激需求、稳定经济基础。

2008—2012 年，收支两端协同发力。 2008 年，受美国次贷危机引发的国际金融危机影响，我国的经济发展压力剧增，面临着结构性与周期性双重叠加的严峻形势。2008 年 12 月，中央经济工作会议明确提出，把扩大内需作为保增长的根本途径。自此我国开始实施以减税降费、政府基础设施建设投资等为主要手段的积极的财政政策。与 1998 年相比，该轮积极的财政政策的突出特征是实施了结构性减税政策。

2013 年至今，以结构性调整和高质量发展为主线。 这一阶段积极的财政政策持续时间最长，基于经济高质量发展的主线，该阶段积极的财政政策的目标除了稳增长外，也向结构性改革以及推动经济高质量发展等方面侧重。具体可以细分成三个不同的阶段。

2013—2014 年，围绕全面深化改革和结构性调整，这一阶段积极的财政政策主要体现为：结合税制改革，继续完善结构性减税政策，促进经济结构转型升级；控制一般性支出，优化政府支出结构；等等。

2015—2019 年，随着经济发展进入新常态以及供给侧结构性改革的提出，我国积极的财政政策力度加大，更加强调需求刺激与供给调整相结合，主要措施包括：加大减税降费力度、加大财政支出扩张力度、强化地方政府债务管理、保障和改善民生等。

2020 年以来，面对疫情冲击，我国积极的财政政策呈现出组合性政策协同发力的特征，力度更为积极。包括发行 1 万亿元特别国债、出台一系列税费优惠形成政策"组合拳"等，在稳定经济大局、促进经济增长等方面发挥了重要作用。

2023 年中央经济工作会议指出，积极的财政政策要适度加力、提质增效。这意味着我国积极的财政政策将在宏观经济调控中发挥更大、更主动的作用，同时会更加注重财政资金和政策效用的最大化。

篇 四

财政政策与其他政策的配合

财政政策服务于创新驱动发展战略的方式有哪些？

习近平总书记在党的二十大报告中强调，坚持创新在我国现代化建设全局中的核心地位，加快实施创新驱动发展战略，加快实现高水平科技自立自强，加快建设科技强国。[①] 这是以习近平同志为核心的党中央立足当前、着眼长远、把握大势，有效应对风险挑战，确保实现新时代新征程党的历史使命作出的重大战略抉择，充分彰显了坚定不移走中国特色自主创新道路的决心和信心，为新时代科技发展指明了方向。

纵观人类发展史，创新始终是一个国家、一个民族发展的不竭动力和生产力提升的关键要素。科技创新是百年未有之大变局中的一个关键变量，各主要国家纷纷把科技创新作为国际战略博弈的主要战场，围绕科技制高点的竞争空前激烈。2012—2022年，我国全社会研发经费支出从 1 万亿元增加到 2.8 万亿元，居世界第二位，研发人员总量居世界首位。基础研究和原始创新不断加强，一些关键核心技术实现突破，战略性新兴产业发展壮大

---

① 习近平：《高举中国特色社会主义伟大旗帜　为全面建设社会主义现代化国家而团结奋斗——在中国共产党第二十次全国代表大会上的报告》，人民出版社 2022 年版，第 35、33 页。

并取得重大成果，进入创新型国家行列。

近年来，我国财政政策服务于创新驱动发展战略的案例有很多，列举如下。

广西壮族自治区为深入贯彻落实习近平总书记视察广西时的重要讲话和重要指示精神，贯彻新发展理念，坚持创新在我国现代化建设全局中的核心地位，广西壮族自治区财政厅与科技厅共同设立广西创新驱动发展投资基金，并联合印发《广西创新驱动发展投资基金管理办法》。此外，调整优化支出结构，优先保障和合理安排财政科技支出，大幅增加财政科技投入。

甘肃省财政厅结合国家科技创新战略部署、省委省政府年度重点工作，紧紧围绕省科技工作重点任务，用好中央引导资金，安排部署一批中央引导项目，有力支撑和带动地方产业和经济社会发展。甘肃财政积极做好中央引导科技资金争取工作，积极与财政部沟通对接、汇报亮点，多渠道反映该省政策资金诉求，争取工作成效明显。2021 年以来，中央累计下达甘肃省中央引导地方科技发展专项资金 2.8 亿元，支持实施省级、市县项目 117 项，平均单个项目支持强度为 238 万元。

66 财政政策如何提升企业创新能力?

　　财政政策在提升企业创新能力方面扮演着至关重要的角色。通过有力的财政政策，政府可以激励企业进行创新投入，提高研发活动的水平，促进科技创新，从而推动经济的可持续发展。2022年，财政部和科技部印发了《企业技术创新能力提升行动方案（2022—2023年）》，该方案推出了一系列惠企创新政策，引导支持各类企业将科技创新作为核心竞争力，为实现高水平科技自立自强、促进经济稳定增长和高质量发展提供有力支撑。

　　具体来看，当前我国财政政策提升企业创新能力的方式主要包括如下几个方面。

　　推动惠企创新政策扎实落地。推动高新技术企业税收优惠、科技创业孵化载体税收优惠、技术交易税收优惠等普惠性政策"应享尽享"，进一步放大支持企业创新的政策效应。提供研发补助和科技创新资金，包括直接补贴、奖励计划、贷款担保等，直接支持企业的研发和创新活动。建立科技创新平台，提供研发设施、技术支持和人才培训等，帮助企业降低创新成本，提升创新效率。

支持企业前瞻布局基础前沿研究。对企业投入基础研究实行税收优惠政策，这既在财务上减轻了企业负担，还提高了企业对创新的积极性。鼓励企业通过捐赠等方式设立基础前沿类的研究基金、研发项目和奖项。奖励企业建立研发中心，提高企业自主创新能力和研发效率，增强企业的核心竞争力。

加大科技人才向企业集聚的力度。落实国有企业科技创新薪酬分配激励机制，对符合条件的国有企业科技人才实行特殊工资管理政策。落实国有科技型企业股权和分红激励政策，推广上市高新技术企业股权激励个人所得税递延纳税十点政策。提供科研人员津贴并实施奖励制度，吸引和留住高层次科研人才。提供财政资助加强企业与高校、研究机构之间的合作。建立产学研合作平台，鼓励企业与高等教育和科研机构深度合作，共同推动科研成果向市场转化，提高企业创新水平。

强化对企业创新的风险投资等金融支持。鼓励各类天使投资、风险投资基金支持企业创新创业，深入落实创业投资税收优惠政策，引导创投企业投早、投小、投硬科技。鼓励地方建设科技企业信息平台，共享工商、社保、知识产权、税务、海关、水电等信息，完善金融机构与科技企业信息共享机制。

财政政策服务于协调发展的方式有哪些？

党的十八届五中全会提出"协调发展"概念。协调发展要求处理好经济发展中的各种关系，包括区域关系、城乡关系、物质文明和精神文明关系、人与自然关系等多个方面。财政政策作为国家治理的基础和重要支柱，是国家宏观调控的重要工具。立足于财政的经济增长职能、再分配职能，为协调发展提供财力支持和制度保障，对于实现协调发展战略目标具有重要意义，目前我国主要从以下几个方面入手。

完善财政转移支付制度，促进城乡、区域协调发展。 转移支付作为中央支持欠发达地区和财政困难地区的重要财政手段，有助于增强区域协调发展、城乡协调发展过程中的财力保障。我国自 1994 年实行分税制改革以后，中央政府的宏观调控和财政激励职能加强，充分调动了地方发展的积极性。2014 年提出建立一般性转移支付稳定增长机制，2021 年印发《农村综合改革转移支付管理办法》，2022 年明确建立均衡性转移支付规模稳定增长机制。我国通过逐步完善财政转移支付制度，对有财政缺口的地方政府和农村地区给予一定的财政支持，强化其基础设施建设和民生保障能力，有效促进了区域间、城乡间协调发展。

强化财政资源统筹，促进物质文明和精神文明协调发展。协调物质文明和精神文明的关系，要防止财政收支仅与经济发展指标简单挂钩，要兼顾财政在文化、教育等精神文明建设方面的重要作用，加强财政资源统筹，促进人民物质富足和精神富有。以教育为例，国家财政性教育经费支出占国内生产总值的比重保持在 4% 通常被视为一国政府教育经费投入的基准线，我国财政性教育经费从 2012 年的 2.2 万亿元上升到 2022 年的 6.1 万亿元，保持逐年递增趋势，占国内生产总值的比重一直维持在 4% 以上，充分体现了国家对教育事业的高度重视，也为国家科技创新和人才培养提供了有力保障。

发挥税收政策引导作用，促进人与自然协调发展。税收优惠政策在促进人与自然协调性发展方面具有巨大的政策空间。我国围绕资源综合利用、绿色低碳产业发展、节能环保、环境保护等方面出台了多项税收优惠政策。例如，对资源综合利用产品和劳务实施增值税即征即退政策，对新能源车船免征车船税，对从事符合条件的环境保护项目的企业减免企业所得税。

通过完善财政转移支付制度、强化财政资源统筹以及发挥税收政策引导作用，我国正不断推进协调发展战略的实施，努力实现经济发展、社会进步和环境保护的和谐统一。

财政政策如何支持区域发展战略？

进入 21 世纪以来，我国为实现区域协调发展，加快实施了西部大开发、振兴东北老工业基地、促进中部地区崛起、鼓励东部地区率先发展等区域发展战略，制定了一系列缩小区域经济差距的财政政策，如财政转移支付和税收优惠等，并取得了良好的效果。具体包括如下几个方面。

建立与区域协调相适应的财政转移支付制度。因各地发展水平不同，对经济要素的吸引力存在差异，按市场化机制，发达地区更能享受区域协调发展成果。财政转移支付制度针对市场调节领域的不足，完善一般性转移支付办法，加大均衡性转移支付力度，根据各省（自治区、直辖市）间财力水平，以增强欠发达地区自我发展能力为基础，将发展水平和人口规模作为转移支付的重要参考因素，将常住人口人均财政支出差异控制在合理区间，着力缩小地区公共服务差异，促进公共服务均等化，使各地区共同分享区域协调发展的好处。

实施一系列税费优惠政策支持区域协同发展。具体包括：民族区域税费优惠，如民族自治地方企业减征或免征属于地方分享的企业所得税、新疆困难地区新办企业定期减免企业所得税；西部地区税费优惠，如设在西部地区的鼓励类产业企业减按15%的税率征收企业所得税；特定区域税费优惠，如海南自由贸易港鼓励产业企业减按15%的税率征收企业所得税；等等。

建立健全区域发展利益补偿机制。由于各地资源禀赋、发展环境、经济基础等不同，在区域发展中的收益不同，建立利益补偿机制有利于区域内各省（自治区、直辖市）共担发展成本、共享发展成果，能够实现互惠互利，对于提升区域资源利用效益、促进区域协调发展具有重要意义。具体包括实施纵向与横向相结合的生态保护补偿、与主体功能区地位相适应的财政补偿、对口支援和协作等。

❯ 知识链接 **我国现有的区域发展战略有哪些？**

区域发展战略主要包括以下几种：（1）西部大开发战略。旨在促进中国西部的开发和现代化。（2）东北地区等老工业基地振兴战略。重点在于促进东北地区的经济结构调整和产业升级。（3）中部地区崛起战略。旨在加强中部地区的中心城市和城市群建设，培育优势产业集群。（4）东部地区优化发展战略。鼓励东部地区率先发展，打造高水平的现代经济体系。（5）主体功能区战略。根据不同区域的资源环境承载能力、发展潜力和开发强度，将国土空间划分为优化开发区、重点开发区、限制开发区和禁止开发区，以实现区域间的协调发展。(6)京津冀协同发展战略。旨在推动京津冀地区的协同发展，包括交通、生态和产业等方面的协同。(7)长江经济带发展战略。依托长江流域的广阔资源和市场，促进沿江地区的经济一体化和生态保护。(8)粤港澳大湾区发展战略。整合粤港澳三地的资源和优势，打造具有国际影响力的创新高地和现代服务业中心。(9)长三角一体化发展战略。加强长三角地区的一体化进程，促进区域间的资源共享和优势互补。(10)黄河流域生态保护和高质量发展战略。重点在于保护黄河流域的生态环境，同时促进该地区的经济高质量发展。这些战略共同构成了中国的区域发展战略体系，旨在实现全国范围内的经济、社会和生态环境协调发展。

69　财政政策如何保障乡村振兴？

　　乡村是具有自然、社会、经济特征的地域综合体，兼具生产、生活、生态、文化等多重功能，与城镇互促互进、共生共存，共同构成人类活动的主要空间。实施乡村振兴战略，是党对

"三农"工作一系列方针政策的继承和发展，是亿万农民的殷切期盼。必须抓住机遇，迎接挑战，发挥优势，顺势而为，努力开创农业农村发展新局面，推动农业全面升级、农村全面进步、农民全面发展，谱写新时代乡村全面振兴新篇章。财政政策主要从支持农村基础设施建设、推动乡村特色产业发展、激发乡村创业就业活力等五个方面来支持乡村振兴。

支持农村基础设施建设。包括：（1）基础设施建设税收优惠。如国家重点扶持的公共基础设施项目企业所得税"三免三减半"，农村电网维护费免征增值税。（2）农田水利建设税收优惠。如县级及县级以下小型水力发电单位可选择按照简易办法计算缴纳增值税，水利设施用地免征城镇土地使用税，农田水利占用耕地不征收耕地占用税，国家重大水利工程建设基金免征城市维护建设税。（3）农民住宅建设税收优惠。如农村居民占用耕地新建自用住宅减半征收耕地占用税，农村烈属等优抚对象及低保农民新建自用住宅免征耕地占用税。（4）农村饮水工程税收优惠。如农村饮水安全工程新建项目投资经营所得企业所得税"三免三减半"，农村饮水安全工程免征增值税，农村饮水安全工程运营管理单位自用房产免征房产税。

推动乡村特色产业发展。包括：（1）优化土地资源配置税收优惠。如转让土地使用权给农业生产者用于农业生产免征增值税，出租国有农用地给农业生产者用于农业生产免征增值税，农村集体经济组织股份合作制改革免征契税，农村土地、房屋确权登记不征收契税。（2）促进农业生产税收优惠。如农业生产者销售的自产农产品免征增值税，进口种子种源免征进口环节增值税，单一大宗饲料等在国内流通环节免征增值税，生产销售有机肥免征增值税，农业服务免征增值税，捕捞、养殖渔船免征车船税。（3）支持新型农业经营主体发展税收优惠。如"公司＋农户"经营模式销售畜禽免征增值税，"公司＋农户"经营模式从事农、林、牧、渔业生产减免企业所得税，农民专业合作社销售本社成员生产的农产品免征增值税。（4）促进农产品流通税收优惠。如蔬菜流通环节免征增值税，部分鲜活肉蛋产品流通环节免征增值税。（5）促进农业资源综合利用税收优惠。如农村污水处理享受企业所得税"三免三减半"。

激发乡村创业就业活力。包括：（1）小微企业税费优惠。如增值税小规模纳税人免征增值税，小型微利企业减免企业所得税，符合条件的缴纳义务人免征有关政府性基金，符合条件的增值税小规模纳税人免征文化事业建设费。（2）重点群体创业就业税收优惠。如重点群体创业税收扣减，吸纳重点群体就业税收扣减，残疾人创业免征增值税，安置残疾人就业的企业残疾人工资加计扣除。

推动普惠金融发展。包括：（1）银行类金融机构贷款税收优惠。如金融机构农户小额贷款利息收入免征增值税，金融机构小微企业及个体工商户小额贷款利息收入免征增值税。（2）小额贷款公司贷款税收优惠。如小额贷款公司农户小额贷款利息收入免征增值税，小额贷款公司贷款损失准备金企业所得税税前扣除。

（3）融资担保及再担保业务税收优惠。如为农户及小型微型企业提供融资担保及再担保业务免征增值税，中小企业融资担保机构有关准备金企业所得税税前扣除。（4）农牧保险业务税收优惠。如农牧保险业务免征增值税，保险公司种植业、养殖业保险业务企业所得税减计收入。

鼓励社会力量加大乡村振兴捐赠。例如，企业符合条件的扶贫捐赠，企业所得税可以税前据实扣除；符合条件的扶贫货物捐赠免征增值税。个人通过公益性社会组织或国家机关的公益慈善事业捐赠个人所得税税前扣除。

● 知识链接 **实施乡村振兴的重要意义是什么？**

（1）建设现代化经济体系。乡村振兴战略是建设现代化经济体系的重要基础。通过促进农村产业升级、推动农业现代化、发展乡村特色产业等举措，实现农村经济的结构调整和转型升级，推动农业农村经济与城市经济协同发展，为构建现代化经济体系提供支撑。

（2）建设美丽中国。乡村振兴战略是建设美丽中国的关键举措。通过加强农村环境治理、保护农村生态资源、推动农村人居环境改善，打造宜居宜业宜游的乡村环境，实现农业农村的绿色发展，促进生态文明建设，为实现美丽中国目标作出贡献。

（3）传承中华优秀传统文化。乡村振兴战略是传承中华优秀传统文化的有效途径。通过保护和传承乡村传统文化，挖掘和发展乡村文化资源，促进文化创新和文化产业发展，提升农村文化软实力，推动中华优秀传统文化在乡村焕发新的活力和影响力。

（4）健全现代社会治理格局。乡村振兴战略是健全现代社会治理格局的固本之策。通过加强乡村社会治理体系建设，完善农村基层自治、法治、德治相结合的治理机制，提高农村社会管理和服务水平，增强乡村社会发展的自我调控和自我管理能力。

（5）实现全体人民共同富裕。乡村振兴战略是实现全体人民共同富裕的必然选择。通过促进农民增收、改善农民生活条件，缩小城乡收入差距，提高农民的获得感和幸福感，实现乡村人口的全面小康，推动全体人民共同富裕。

财政政策如何服务新型城镇化战略？

随着我国经济快速发展，城镇化进程不断加速，《"十四五"

新型城镇化实施方案》指明了新型城镇化的发展基础、总体要求等。该方案指出：（1）加快农业转移人口市民化。坚持把推进农业转移人口市民化作为新型城镇化的首要任务，稳妥有序推进户籍制度改革，推动城镇基本公共服务均等化。健全配套政策体系，提高农业转移人口市民化质量。（2）优化城镇化空间布局和形态。提升城市群一体化发展和都市圈同城化发展水平，促进大中小城市和小城镇协调发展，形成疏密有致、分工协作、功能完善的城镇化空间格局。（3）推进新型城市建设。坚持人民城市人民建、人民城市为人民，顺应城市发展新趋势，加快转变城市发展方式，建设宜居、韧性、创新、智慧、绿色、人文城市。（4）提升城市治理水平。树立全周期管理理念，聚焦空间治理、社会治理、行政管理、投融资等领域，提高城市治理科学化精细化智能化水平，推进城市治理体系和治理能力现代化。（5）推进城乡融合发展。坚持以工补农、以城带乡，以县域为基本单元、以国家城乡融合发展试验区为突破口，促进城乡要素自由流动和公共资源合理配置，逐步健全城乡融合发展体制机制和政策体系。

在推进完善新型城镇化战略过程中，财政政策发挥着至关重要的作用，主要表现在以下三个方面。

健全中央和省级财政农业转移人口市民化奖励机制。中央财政和省级财政分别对吸纳跨省域、跨市域农业转移人口落户多的地区给予支持。加大中央财政均衡性转移支付中非户籍常住人口因素权重。推动中央预算内投资安排向吸纳农业转移人口落户多的城市倾斜，中央财政在安排城市基础设施建设、保障性住房等资金时，对吸纳农业转移人口多的地区给予适当支持，省级政府制定实施相应配套政策。

健全投融资机制。发挥政府投资引导作用和放大效应，推动政府投资聚焦市场不能有效配置资源、需要政府支持引导的公共领域，主要投向公益性项目。优化财政资金支出结构，发行地方政府专项债券支持符合条件的公益性城镇基础设施建设项目。防范化解城市债务风险，强化政府预算约束和绩效管理，合理处置和分类化解存量债务，严控增量债务。

利用地方政府专项债券推进新型城镇化，特别是以产城融合为导向，推进新型城镇化的保障性安居工程。2019 年，四川省成都高新区成功发行首支以新型城镇化建设命名的地方政府专项债券，用于成都重点东进发展战略"东部新区"空港新城的项目建设。通过发行专项债券募集资金，用于空港新城前期建设过程中地方乡村人员新型城镇化安置房的建设，既保障了空港新城各项建设的顺利进行，又满足了人民群众的安居需求，也带动了产业和人口的聚集，实现了当地居民有居所、有工作的本地城镇化，促进了产业链上下游企业在本地配套、功能区就业人群在本地消费，在推进新型城镇化过程中探索出一条有效的建设发展路径。

财政政策服务于绿色发展的方式有哪些?

作为国家治理的基础和重要支柱,财政是政府实施宏观调控、实现经济稳定发展的制度保障和后方引擎,在支持绿色低碳发展方面具有不可替代的作用。接下来从三个方面介绍财政政策如何服务于绿色发展。

突出重点方向领域,加大资金保障力度。第一,支持构建清洁低碳安全高效的能源体系。一是推动新能源汽车产业发展壮大。通过节能减排补助资金安排新能源汽车购置补贴、充电基础设施奖励资金等,推动我国新能源汽车行业快速发展。二是完善可再生能源发电补贴政策。通过可再生能源电价附加等政策,支持可再生能源行业持续高质量发展。三是支持非常规天然气开采利用。通过清洁能源发展专项资金,对页岩气、煤层气、致密气等非常规天然气开采予以支持。四是北方地区冬季清洁取暖。2017年起,财政部牵头组织开展北方地区冬季清洁取暖试点工作,通过竞争性评审方式,分批支持改造目标合理、工作基础较好、技术路线科学、长效运营有保障的地区开展工作,对入选的城市,中央财政分档奖补,每个城市连续支持三年。

第二,深入打好污染防治攻坚战。一是打赢蓝天保卫战。重点支持开展大气污染成因攻关、燃煤锅炉治理、挥发性有机污染物治理等工作，推动减污降碳协同，$PM_{2.5}$ 与臭氧（O_3）协同治理。二是打好碧水保卫战。支持开展长江、黄河等重点流域水污染防治、良好水体和饮用水水源地生态环境保护、地下水环境保护修复等工作，支持洱海、岱海、呼伦湖等重点湖泊水库实施生态保护修复和治理。

第三，持续加强生态系统保护和修复。一是统筹推进山水林田湖草沙一体化保护和系统治理。如为贯彻落实习近平总书记"山水林田湖草是生命共同体"生态文明理念，2016 年中央财政启动实施山水林田湖草生态保护修复工程试点。二是积极完善林业草原政策支持体系。中央财政积极安排资金，深入推进大规模国土绿化行动。此外，中央财政还大力推进农业领域绿色低碳发展。例如，中央财政通过农业相关转移支付、部门预算等渠道，支持各地做好黑土地保护利用、地膜科学使用回收、农作物秸秆综合利用等，促进农业绿色发展。

第四，支持绿色低碳科技，促进产业链和创新链融合。一是通过国家科技计划，支持绿色低碳领域战略性、前沿性研究和重大关键共性技术研究，推动绿色低碳技术攻关。二是通过整合设立有关发展专项资金，支持产业绿色低碳发展。每年选择若干条关键战略性产业链，形成"按产业链确定攻关任务、揭榜挂帅确定攻关主体、依验收成效确定后补助资金"的模式，推动打通重点产业链"卡脖子"问题和高质量发展，加大绿色低碳技术运用。

健全激励约束机制，发挥税收促进作用。税费优惠政策可分为鼓励性政策和约束性政策。在激励机制方面，对新能源汽车免征车辆购置税和车船税；对环境保护、节能节水项目给予企业所得税优惠等。在约束机制方面，对排放大气、水、固体废物、噪声等污染物的单位征收环境保护税；大幅提高成品油消费税税率等。同时，发挥关税调控作用，降低有利于绿色低碳发展的产品进口税率，提高高耗能高排放产品出口关税税率，遏制高耗能高排放项目盲目发展。

发挥示范引领作用，完善政府采购政策。政府采购是重要的宏观调控政策。从国际看，主要发达国家均把政府绿色采购政策作为促进环境可持续发展、实现"双碳"目标的重要政策工具。《中华人民共和国政府采购法》颁布以来，财政部不断完善政府绿色采购政策，推动各级国家机关、事业单位和团体组织积极采购和使用绿色低碳产品，进一步推动全面绿色转型。

72 财政政策如何助力发展绿色转型？

推动经济社会发展绿色化、低碳化是实现高质量发展的关键环节。近年来，我国加快推动产业结构、能源结构、交通运输结构等调整优化。实施全面节约战略，推进各类资源节约集约利用，加快构建废弃物循环利用体系。完善支持绿色发展的财税、金融、投资、价格政策和标准体系，发展绿色低碳产业，健全资源环境要素市场化配置体系，加快节能降碳先进技术研发和推广应用，倡导绿色消费，推动形成绿色低碳的生产方式和生活方式。其中，财政政策发挥了重要作用。接下来从四个方面介绍财政政策如何助力发展绿色转型。

优化政策目标，实现政府间支持产业绿色发展行为的激励相容。围绕"客观基础＋主观努力"，将财政奖罚与地方政府努力程度挂钩，而非与"一刀切"的绿色发展指标挂钩。加大对个别"高碳"省份的帮扶力度，在项目支持、绿色金融和转型金融等融资支持上予以倾斜，减缓其低碳转型中的阵痛。鼓励省际构建横向转移支付制度，使其以能源安全、能源转型、绿电保障等为基础，实现产业发展的风险共担、收益共享。

优化政策路径，依据主体功能区布局及地区功能定位完善中央转移支付制度，强化制度的绿色共富效应。强调分类施策，可对重点生态功能区实行奖惩标准更高的生态环境质量财政奖惩制度，进一步强化政策效果，体现科学分类、精准施策的政策导向，进一步细化重要生态功能区转移支付标准和绩效考评制度。

集中财力办大事，避免产业绿色发展的财政资金分散化、碎片化。中央财政可进一步落实好前期政策要求，加快梳理现有政策，明确支持产业绿色低碳转型的相关资金投入渠道，整合产业绿色发展类的财政政策和资金，统筹安排新增财力，建立健全财政部门上下联动、财政与其他部门横向互动的协同推进机制。统筹安排产业发展专项资金、政府投资基金、地方政府债券资金，引导各类社会资本聚焦绿色低碳优势产业，打造若干具有全国影响力的绿色低碳产业集群。

发挥财政金融联动作用，充分发挥市场的示范带动作用。探索建立绿色企业贷款贴息、绿色建筑与绿色金融协同发展等绿色金融重点发展领域的配套财政支持政策，并将其升级为制度性安排。鼓励地方探索打造"碳减排支持工具"，增强地方法人银行参与碳减排融资能力。鼓励保险机构创新森林碳汇、海洋碳汇保险产品，支持将相关保险产品纳入地方优势特色农业保险以奖代补政策范围。政策性金融应继续鼓励金融企业创新更多金融产品，以形成市场示范效应，更好地解决碳密集企业的融资痛点和难点，引导和督促棕色行业企业转型发展。

财政政策服务于开放发展的方式有哪些?

党的二十大报告提出，推进高水平对外开放。建设更高水平开放型经济新体制是对外开放的重大战略举措，是应对国际环境深刻复杂变化的现实需要，也是推动我国经济实现质的有效提升和量的合理增长的内在要求。接下来将从四个方面介绍财政政策如何服务于开放发展。

一是通过开放型税收政策提升国内国际双循环质量和水平，有助于充分利用国内国际两个市场、两种资源，提升经济发展质量，增进人民福祉。关税作为国际贸易的"总阀门"，其适度调节对我国进出口发展有着至关重要的作用。通过适时降低关税税率，增加进口，倒逼供给改善，提升消费。此外，在由贸易试验区、自由贸易港以及区域性自由贸易协定的基础上，进一步扩大进口环节增值税免征范围，促进解决核心技术"卡脖子"问题和产业链补链所需原材料、零部件和机器设备短缺问题；优化我国技术出口税收优惠政策，支持以专利授权许可作为重要收入来源的高科技企业的发展，提升我国产业在全球产业价值链分工地位。同时通过优化税收政策环境，降低税收不确定性，提高跨国公司和投资者的投资信心。

二是通过签署避免双重税收协定解决在不同国家之间的双重征税问题，促进跨国投资和合作，提高投资者的信心，减少不确定性。避免双重征税协定作为双边税务合作的法律基础，充分发挥为跨境纳税人减轻税收负担、避免双重征税、提高税收确定性、解决涉税争议的积极作用。财税部门充分利用税收协定项下的双边协商机制，结合国际产能合作重点领域，积极帮助纳税人解决涉税争议，为"走出去"纳税人和"一带一路"重大项目有效降低税收成本。

三是通过加强税收合作和信息交流、对人才和技术培训提供财政支持，加快推进合作机制建设。加强与其他国家的税收合作和信息交流，促进税收合规，防范逃税和避税，加快推进合作机制建设。通过财政手段支持人才培训和技术交流，以提高我国在技术创新和制度管理方面的能力。在更多的领域创新合作模式，加强我国与其他国家之间的往来，深化与国际组织、专业机构交流，用好官方网站与期刊，打造具有中国特色的公共知识产品，逐步建立系统、专业、高标准的联盟培训课程体系，建设国际化、多元化、专业型加复合型的师资团队。

四是通过财税政策鼓励并支持政府和社会资本合作模式，推动私营部门参与基础设施项目，在构建开放型经济体系中为填补资金缺口和减轻政府财政负担作出贡献。私营部门经验丰富，具有市场敏感性，能高效利用资源；政府可以通过与政治和法律风险相关的项目保障和政策承诺来做一些补充性工作，以解决项目在实施过程中私营部门所担心的问题。私营部门的参与可以提高开放经济中投资的效率，并有助于管理和降低项目风险。

74 财政政策如何助力构建新发展格局？

加快构建以国内大循环为主体、国内国际双循环相互促进的新发展格局，是党的二十大提出的一项战略任务。接下来将从五个方面介绍财政政策如何助力构建新发展格局。

采取差异化的财税政策。这可以在一定程度上发挥财税政策对产业的导向作用，也能更为有效地提高财税政策的精准度，使得财税政策提质增效。一方面，在不同产业间实行差异化的所得税政策。通过进一步扩大高新技术企业的认定范围，使更多的初创型和中小型科技企业受益，扩大节能环保相关企业的企业所得税优惠目录范围，鼓励更多的节能环保项目的开展，进一步发挥产业引导作用。另一方面，在不同区域之间实行差异化的财税政策。通过诸如对部分产品由生产环节征收消费税后移至由消费环节征收消费税等手段适当补充地方税收收入，同时加大对经济发展较弱地区等的转移支付力度，以缩小区域间发展不平衡差距。

积极推进社会保险改革。这为减轻雇主的劳动力支付成本、增加就业机会提供了可能。一方面，加快推动社会保险国家层面的统筹。如提高养老保险、医疗保险等保险的全国统筹。另一方面，一定程度上减少社会保险的缴费率。社会保险缴费往往更难

191

对外转嫁，降低社会保险费率，能有效减轻劳动密集型企业雇佣劳动力的资金压力，从而带动其提供更多的就业岗位。

扩大对高端人才的财税激励。加快构建新发展格局，无疑需要高端人才的支持。面对日益激烈的国际竞争环境，从财税政策角度提高我国对高端人才的留存率、吸引力，有利于进一步提高我国劳动力素质，实现产业结构转型升级，推动我国经济的高质量发展。

调整消费相关税收政策。从增值税角度来看，可以下调食物、基本生活品等的增值税税率；从消费税角度来看，考虑进一步改善其征税税目及税率，促进消费进一步升级。一方面，要增加对环境污染、危害人体健康有关的产品的征税范围；另一方面，要动态调整对奢侈品的价格界定，应根据居民普遍购买能力、物价水平等适当上调对相关高端产品的价格标准。

助推深化税收征管改革工作。积极推动深化税收征管改革工作，"以数治税"既能更好地服务纳税人缴费人，营造更为良好的税收环境，又能提高我国税款征收的效率，为国家运转提供财力保障，并为减税降费提供可操作的空间，提高税收征管及我国治理体系现代化水平，为加快构建新发展格局提供重要保障。为此，一方面，可以借鉴国际上利用数字化手段提升税收征管效率的先进经验。另一方面，主动参与国际税收合作。积极谈签税收协定，尽可能消除"走出去"与"引进来"企业的双重征税问题；推动与"一带一路"共建国家在税款征收方面的合作等。

75 财政政策如何完善分配格局？

习近平总书记在党的二十大报告中强调，"实现全体人民共同富裕"是中国式现代化的本质要求之一。[①] 财政作为国家治理的基础和重要支柱，是再分配的重要工具。通过发挥财政的资源分配、宏观调控、收入调节等基本职能，提高劳动报酬在初次分配中的比重，调节再分配中居民收入差距，强化第三次分配在促进收入公平中的作用，推动形成发展成果由人民共享的分配格局，是中国式现代化对财政的基本要求。整体来看，我国主要从以下三个方面发挥财政政策在完善收入分配格局中的作用。

完善税收体系建设，发挥财政在个人收入分配格局中的调节功能。一方面，在调节收入分配公平方面，通过直接税体系建设，充分发挥个人所得税、房地产税、消费税对过高收入、高资产净值、高消费人群的税收调节作用。另一方面，在第三次分配激励方面，利用税收激励充分调动个人和团体参与公益性捐赠的积极性，包括完善个人捐赠税收减免政策，帮助培养个人参与公

---

① 习近平：《高举中国特色社会主义伟大旗帜　为全面建设社会主义现代化国家而团结奋斗——在中国共产党第二十次全国代表大会上的报告》，人民出版社 2022 年版，第 23—24 页。

益性捐赠的主动意识和积极性；完善公益性社会团体捐赠所得税税前扣除资格政策，鼓励更多的企业团体的捐赠行为。同时，通过健全慈善组织税收优惠政策，支持慈善组织持续健康发展，为社会各界参与捐赠和救助活动提供渠道。

完善财政转移支付制度，强化财政在区域财力分配格局中的调节作用。设立专项资金，加大对欠发达地区、农村地区发展的财政支持力度，通过优化地区财力配置，加强基础设施建设，改善公共服务水平，缩小区域、城乡分配差异。同时，加大专项转移支付绩效管理，注重项目的质量和效果，针对性支持促进区域发展的关键民生领域和关键发展项目，提升财政资金利用效率。

完善社会保障建设，发挥财政的兜底保障作用。一方面，加强社会保障体系建设，包括养老保险、医疗保险、失业保险、工伤保险和生育保险等，确保社会保险全面覆盖。同时，探索建立多层次的社会保障，例如在养老方面，形成以基本养老保险为基础、企业年金为补充，与个人储蓄性养老保险以及商业养老保险相衔接的多层次养老保险体系。另一方面，关注重点群体的福利保障，包括残疾人、妇女儿童、农村留守儿童和老人等特殊群体的基本权益保障问题，特殊困难群体的灵活社会救助问题，以及重点群体的就业支持问题，通过增加对困难群体的转移性支付，促进低收入人群收入的提升。

76 财政政策如何促进共同富裕?

共同富裕是社会主义的本质要求,是中国式现代化的重要特征。实现共同富裕有助于缩小贫富差距,减少社会不平等现象,增强社会凝聚力和稳定性。财政政策在初次分配、再分配、第三次分配中发挥着重要作用,有助于全体人民共同富裕取得更为明显的实质性进展。

财政在初次分配中发挥作用。一是稳定经济增长。积极的财政政策提升效能,更加注重精准、可持续,推动经济实现质的稳步提升和量的合理增长。二是加大对中小微企业的支持。落实落细减税降费政策,减轻小微企业税费负担。2023 年 1 月 1 日至 2024 年 12 月 31 日,对小型微利企业年应纳税所得额不超过 100 万元的部分,减按 25% 计入应纳税所得额,按 20% 的税率缴纳企业所得税;对个体工商户年应纳税所得额不超过 100 万元的部分,在现行优惠政策基础上,减半征收个人所得税。三是发挥财政资金引导作用,支持企业创新发展。将符合条件行业企业研发费用税前加计扣除比例由 75% 提高至 100% 的政策,作为制度性安排长期实施。四是加强对流动人口的公共服务供给和基本保障。逐步健全常住地提供基本公共服务的制度。

财政在再分配中发挥作用。一是逐步完善个人所得税制度。实行个人所得税专项扣除，积极减轻中低收入人群个税负担。2023 年上半年，月销售额 10 万元以下的小规模纳税人免征增值税政策新增减税 2148 亿元，小规模纳税人征收率由 3%降至 1%政策新增减税 822 亿元。加强税收征管，规范收入分配格局。二是促进基本公共服务均等化。对于教育、医疗卫生等重点领域，实施转移支付直达机制，加大支持力度，提高支持效率。注重对欠发达地区和农村地区的转移支付。三是健全社会保障制度体系。要把灵活就业人员、新业态就业人员、低收入者等的社会保障问题放在重点考虑的位置。自 2023 年 1 月 1 日起至 2027 年 12 月 31 日，延续实施残疾人就业保障金分档减缴政策。自 2023 年 5 月 1 日起，继续实施阶段性降低失业保险费率至 1%的政策，继续实施阶段性降低工伤保险费率政策，实施期限延长至 2024 年底。

财政在第三次分配中发挥作用。财政鼓励个人或企业在自愿基础上的慈善捐赠。2023 年 12 月 29 日，第十四届全国人民代表大会常务委员会第七次会议通过关于修改《中华人民共和国慈善法》的决定，提出居民个人通过一定路径发生的公益捐赠支出，可以在综合所得和经营所得中扣除；企业发生的公益性捐赠支出，在本年度计算应纳税所得额中也按一定比例扣除。

总之，推进共同富裕，财政既要致力于把"蛋糕"做大，又要努力确保把"蛋糕"分好；既要调节过高收入，也要关注再分

配公平；既要追求全体人民共同富裕，也要克服平均主义；既要
兜牢底线，也要通过合理差距激发发展的积极性。

 知识链接　什么是初次分配、再分配和三次分配?

初次分配是根据土地、资本、劳动力、数据等各种生产要素在生产过程中的贡献进行分配。

再分配是指政府根据法律法规，在初次分配的基础上通过征收税收和政府非税收入，在各收入主体之间以现金或实物进行的收入再次分配过程。

第三次分配有别于前两者，主要是企业、社会组织、家族、家庭和个人等基于自愿原则和道德准则，以募集、捐赠、资助、义工等慈善、公益方式对所属资源和财富进行分配。

77 财政政策如何促进基本公共服务均等化?

基本公共服务是指在由政府主导提供、保障全体公民生存和发展基本需要、与经济社会发展水平相适应的公共服务。基本公

共服务均等化是指全体公民都能公平可及地获得大致均等的基本公共服务，其核心是促进机会均等，重点是保障人民群众得到基本公共服务的机会，而不是简单的平均化。基本公共服务范围包括保障基本民生需求的教育、就业、社会保障、医疗卫生、计划生育、住房保障、文化体育等领域的公共服务，广义上还包括与人民生活环境紧密关联的交通、通信、公用设施、环境保护等领域的公共服务，以及保障安全需要的公共安全、消费安全和国防安全等领域的公共服务。

我国基本公共服务实现了从"建立基本公共服务体系"、"推进基本公共服务公平可及"到"促进基本公共服务高质量发展"的转变。2012年首部国家级基本公共服务专项规划《国家基本公共服务体系"十二五"规划》颁布实施。2017年出台《"十三五"推进基本公共服务均等化规划》，2022年出台《"十四五"公共服务规划》。2021年印发《国家基本公共服务标准（2021版)》，基于服务内容、对象、质量标准、支出责任、牵头单位等要素为地方提供基本公共服务明确了底线要求。2023年印发《国家基本公共服务标准（2023版)》，与2021版相比，2023版新增服务项目、提高服务标准、扩大服务对象。

当前，财政政策促进基本公共服务均等化的方式有：

加大财政资源在民生领域的投入力度。 2021—2022年，我国民生财政支出只增不减。其中，教育支出从2.12万亿元增加到3.9万亿元，卫生健康支出从0.72万亿元增加至2.3万亿元，社会保障和就业支出从 1.26 万亿元增长至 3.7 万亿元，文化旅游体育与传媒支出从 0.2 万亿元增长到 0.4 万亿元。

理顺基本公共服务领域央地权责关系。2018 年国务院办公厅印发《基本公共服务领域中央与地方共同财政事权和支出责任划分改革方案》，将 18 项基本公共服务纳入央地共同财政事权范围，厘清中央和地方对于基本公共服务的财政事权与支出责任。央地根据服务属性和地方财力状况，遵照五档标准按比例分担，从而促进了地区间基本公共服务财政资源配置的整体均衡，提升了不同地区人民公平地享受基本公共服务的水平。

完善转移支付制度。综合发挥纵向转移支付与横向转移支付对基本公共服务均等化的促进作用。加大一般转移支付中均衡性转移支付的投入，并增设共同财政事权转移支付类别，推动基本公共服务在央地权责明确的基础上进一步实现均等化。同时，在"乡村振兴"等国家战略行动中，促进以对口支援为代表的特色横向转移支付，发挥弥补资源不足、缩小地区差距、缓解民生服务供给不精确不平衡难题的作用。2024 年中央对地方转移支付预算数为 102037 亿元，主要向财力薄弱的中西部、东北地区倾斜，东部发达省份获得的转移支付资金规模相对较小。根据财政部公布的《关于 2024 年中央对地方转移支付预算的说明》，转移支付的名目共分为 32 个领域，其中"共同财政事权转移支付"再细分为 54 个小项。

78 财政政策与货币政策配合的政策组合方式有哪些?

货币政策是指一国为实现一定的宏观经济目标所制定的关于调整货币供应的基本方针及其相应措施。与财政政策直接影响总需求规模不同,货币政策主要通过利率变动间接影响总需求。

货币政策可分为扩张性和紧缩性两种。扩张性货币政策是通过增加货币供给来带动总需求的增长;紧缩性货币政策是通过削减货币供给来降低总需求水平。在经济萧条时,多采用扩张性货币政策,因为货币供给增加,利率随之降低,取得信贷更为容易。而在通货膨胀严重时,多采用紧缩性货币政策。

财政政策与货币政策配合运用就是扩张性和紧缩性两种类型政策的不同组合。下面逐一分析财政政策与货币政策的不同组合效应。

扩张性财政政策与扩张性货币政策。扩张性财政政策通过减少税收和扩大政府支出规模来增加社会总需求。扩张性货币政策通过降低法定准备金率、降低利率来扩大货币供给规模。显然,扩张性财政政策和货币政策组合必然使得社会总需求扩大。在社会总需求严重不足、生产能力和社会资源未得到充分利用的情况下,利用这种政策组合,可以刺激经济增长,扩大就业,但可能会导致通货膨胀。

紧缩性财政政策与紧缩性货币政策。紧缩性财政政策通过增加税收和削减政府支出规模来限制消费与投资，抑制社会总需求。紧缩性货币政策通过提高法定准备金率、提高利率来压缩货币供给量。这种政策组合可以有效遏止需求膨胀和通货膨胀，但可能会带来通货紧缩和经济停滞的后果。

紧缩性财政政策与扩张性货币政策。紧缩性财政政策可以抑制社会总需求，防止经济过旺和通货膨胀。扩张性货币政策在于保持经济适度增长。因此，这种政策组合可以在控制通货膨胀的同时，保持适度经济增长。但如果货币政策过松，则难以制止通货膨胀。

扩张性财政政策与紧缩性货币政策。扩张性财政政策在于刺激需求，对克服经济萧条较为有效。紧缩性货币政策可以避免过高通货膨胀率。因此，这种政策组合方式可以在保持经济适度增长的同时，尽可能避免通货膨胀。但长期运用这种政策组合，会积累起巨额的财政赤字。

在考虑如何混用两种政策时，不仅要看当时的经济形势，还要考虑政治上的需要。虽然扩张性财政政策和货币政策都可以增加社会总需求，但不同政策的后果会对不同人群产生不同影响，也会使国内生产总值的构成比例（投资、消费和政府购买在国内生产总值中的构成比例）发生变化。例如，实行扩张性货币政策会使利率下降，投资增加，因而对投资部门尤其是住宅建设部门十分有利；又如，实行减税的扩张性财政政策有利于增加个人可支配收入，从而增加消费支出。正因为不同政策措施会对国内生产总值的构成比例产生不同的影响，进而影响不同人群的利益，所以政府在作出混合使用各种政策的决策时，必须考虑各行各业、各个阶层人群的利益如何协调的问题。

我国财政政策和货币政策是如何配合的？

财政政策和货币政策是两大宏观经济政策，它们分别通过调节政府收支和货币供应量，影响社会总需求和总供给，从而实现经济增长、稳定物价、促进就业、平衡国际收支等目标。财政政策和货币政策之间要相互支持、相互配合，形成政策合力，才能提高宏观调控的效果。我国财政政策和货币政策的配合，主要体现在以下几个方面。

根据经济形势的变化，及时调整政策的取向和力度。

1993—1997 年。这一阶段我国国内生产总值增长较快，出现了投资过热和通货膨胀等情况。为了缓解经济过热带来的压力，我国采取了适度从紧的财政和货币政策组合模式：一方面，合理控制财政支出；另一方面，调整存款贷款利率，减少社会中的货币量。

1998—2004 年。由于受亚洲金融危机影响，我国经济增速放缓，生产能力过剩，失业率提高。为了应对这一局面，我国采取了积极的财政政策和稳健的货币政策组合模式：发行大规模的国债，推动基础设施建设。发行特别国债，提高银行的偿债能力，为市场释放流动性。发行中央银行债券，弥补国债的不足。

2005—2007 年。这一阶段我国经济逐步恢复，原材料价格上涨，通货膨胀压力不断增加。为了应对通货膨胀带来的压力，我国采取财政政策和货币政策双稳健的政策组合策略：利用财政货币政策，引导经济结构调整。成立了中国投资有限责任公司，将储备外汇向海外投资，购买国际优质资产，实现外汇资产的多样化。

2008—2012 年。在国际金融危机影响下，我国经济增速下降，国内消费受到影响。为了应对危机，我国采取积极的财政政策与适度宽松的货币政策组合策略：大规模增加政府投资，实行结构性减税，同时降低存款准备金率和利率，扩大货币信贷规模，以刺激经济增长和保障就业。

2013 年至今。此阶段为实现提质增效的目的，我国采取积极的财政政策与稳健的货币政策组合策略：其一，推动供给侧结构性改革，将财政政策和货币政策纳入供给侧结构性改革之中。其二，防范和化解系统性金融风险，出台了一系列的货币政策，比如《存款保险条例》等。其三，助力新冠疫情后的企业复工复产。推出大规模的减税降负政策，减轻中小企业的负担。通过多项货币政策的实施，释放了市场的流动性。2020 年受新冠疫情的影响，我国实施了更加积极的财政政策和更加灵活适度的货币政策，发行了 1 万亿元的抗疫特别国债，增加了 3.75 万亿元的地方政府专项债券额度，加大了对疫情防控、民生保障、稳企业保就业的支持力度，同时实施了定向降准、降息、延期还贷、信贷政策支持等措施，释放了约 12 万亿元的长期资金，以稳定经济运行和社会预期。

通过多种政策工具，实现政策的精准和有效。

为了更好地发挥财政政策的作用，我国创新了财政资金管理方式，推行了"一盘棋"思想，实施了预算绩效管理，加强了财政资金的统筹和监督，提高了财政资金的使用效率。为了更好地发挥货币政策的作用，我国创新了货币政策工具，推进了利率市场化改革，实施了贷款市场报价利率（LPR）机制，加强了货币政策的传导和引导，提高了货币政策的灵活性和精准性。此外，我国还推出了一系列的结构性货币政策工具，如定向降准、定向中期借贷便利（TMLF）、定向再贷款、抵押补充贷款（PSL）等，针对不同的金融机构、行业和领域，提供了差异化的流动性支持，促进了金融资源更多地流向实体经济的重点领域和薄弱环节。

通过协调机制，增强政策的协同和沟通。

为了加强财政政策和货币政策的协调，我国建立了财政货币政策协调委员会，由国务院副总理担任主任，财政部部长和中国人民银行行长担任副主任，定期召开会议，研究和决定重大的财政货币政策问题，形成政策共识，协调政策行动，解决政策冲突，提高政策效率。此外，我国还建立了财政货币政策的信息交流机制，通过定期报告、数据共享、联合调研等方式，加强了财政部和中国人民银行之间的信息沟通，增进了政策理解，提升了政策信心。

如何加强财政政策和货币政策协调配合？

　　财政政策和货币政策是宏观调控体系的两大支柱，它们的协调配合对于实现经济稳定和可持续增长至关重要。下面将从四个方面阐述如何加强财政政策和货币政策的协调配合。

　　明确财政政策和货币政策的目标和功能。应根据不同的经济形势和政策需求，明确政策目标，合理确定政策的力度和节奏。一般来说，财政政策主要通过调节政府收支，影响经济的总需求和总供给，从而实现经济增长、就业、收入分配等目标；货币政策主要通过调节货币供应量和利率水平，影响经济的货币需求和货币供给，从而实现物价稳定、金融稳定等目标。在经济增速放缓、需求不足的情况下，应该实施积极的财政政策和适度宽松的货币政策，以刺激经济活动和增强市场信心；在经济过热、通胀压力上升的情况下，应该实施稳健的财政政策和适度紧缩的货币政策，以抑制过度投资和消费，保持经济运行在合理区间。

预测、信息共享和政策互动协同。要加强财政政策和货币政策的信息沟通和政策协商，形成政策的互动和协同效应。财政政策和货币政策的实施都需要依据准确的经济数据和预测，因此，财政部门和央行应该加强信息共享和数据交流，及时掌握经济运行的实际情况和趋势变化，提高政策的前瞻性和精准性。同时，财政部门和央行应该加强政策协商和协调机制，定期召开政策协调会议，就政策的目标、方向、力度、时机等进行充分沟通和协商，避免政策的冲突和错位，形成政策的合力和协同效应。

创新的政策工具和手段。要创新财政政策和货币政策的工具和手段，提高政策的效率和效果。随着经济结构和金融体系的不断变化，财政政策和货币政策面临着更多的挑战和困难，需要不断创新政策的工具和手段，以适应新的形势和需求。例如，财政政策可以通过发行特殊国债、增加专项债券、推进税制改革、扩大减税降费等方式，增强政策的逆周期调节能力，支持重点领域和薄弱环节的发展，提高财政资金的使用效率；货币政策可以通过降准、降息、再贷款、再贴现、央票、逆回购等方式，灵活调节市场流动性，引导市场利率下行，支持实体经济的融资需求，提高货币政策的传导效果。

增强财政政策和货币政策的透明度和可信度。要加强财政政策和货币政策的信息披露，及时向社会公布财政收支状况、货币供应量变化、政策目标实现情况、政策调整原因等，提高政策的透明度和可预期性。要加强财政政策和货币政策的宣传解释，及时向社会解释财政政策和货币政策的意图、理论、逻辑、效果等，提高政策的理解度和认同度。要加强财政政策和货币政策的信号传递，及时向社会传递财政政策和货币政策的决心、信心、能力、行动等，提高政策的信号效应和引导效应。

 ## 财政政策如何促进现代产业体系建设？

党的二十大报告在论述"加快构建新发展格局，着力推动高质量发展"部分时，专门将"建设现代化产业体系"作为重要内容进行强调。① 现代化产业体系是现代化国家的物质支撑，是实现经济现代化的重要标志。加快建设现代化产业体系，是实现产业链和科技链安全自主可控的必然要求，也是适应我国社会主要矛盾转化的重要体现。

---

① 习近平：《高举中国特色社会主义伟大旗帜　为全面建设社会主义现代化国家而团结奋斗——在中国共产党第二十次全国代表大会上的报告》，人民出版社 2022 年版，第 28—30 页。

加快建设现代化产业体系，必须把发展经济的着力点放在实体经济上，支持打造自主可控、安全可靠、竞争力强的现代化产业体系。重点是积极支持科技创新，以科技创新引领现代化产业体系建设。科技创新是高质量发展的强大驱动力。开展颠覆性技术和前沿技术创新，加快关键核心技术攻关，都需要更好发挥新型举国体制优势。这一过程离不开财政资金的持续投入，以及更有针对性的减税降费政策，从而更好地调动社会力量，发挥企业创新主体作用，着力推进自主创新。具体而言，财政政策在以下方面提供支持。

减税优惠。通过提高税收返还比例等减少企业税负，特别是对于创新型企业和高科技产业给予税收优惠。例如，通过减免企业所得税等，鼓励投资和创新，促进现代产业的发展。

资金支持。如通过设立专项基金或引入风险投资，以支持研发、技术创新和新兴产业的发展。同时，科技部、财政部联合印发的《企业技术创新能力提升行动方案（2022—2023 年）》指出，要充分发挥国家科技成果转化引导基金和中央引导地方科技发展资金的作用，撬动更多社会资金支持企业技术创新。

基础设施建设。如财政政策通过支持建设高速公路、铁路、港口和信息网络等，提供良好的物流和通信基础，为现代化物流体系的构建提供基础保障，促进现代产业链的形成。

创新支持。如设立科技创新基金、专利保护补贴等，鼓励企业加大科技研发投入，提高技术创新能力，以推动实施产业基础再造工程和重大技术装备攻关工程，加快基础、关键技术和重要产品工程化攻关。

产业升级。通过落实税收、政府采购、首台（套）保险补偿等政策，支持传统产业改造升级和新一代信息技术、高端装备、新材料等战略性新兴产业发展。完善"小巨人"企业支持政策，加大对战略关键领域产业链和工业基础领域中小企业的支持。

此外，财政政策的制定和执行注重与其他相关政策相配合，如产业政策、科技政策和人才政策等，形成多元化的政策支持体系，以确保现代产业体系建设的顺利进行。

> **知识链接**　**高新技术企业所得税减免**

根据《中华人民共和国企业所得税法》第二十八条第二款及国家税务总局《关于实施高新技术企业所得税优惠政策有关问题的公告》规定，国家需要重点扶持的高新技术企业，满足若干条件，如企业主要产品（服务）发挥核心支持作用的技术属于《国家重点支持的高新技术领域》规定的范围，从事研发和相关技术创新活动的科技人员占企业当年职工总数的比例不低于10%等，可认定为高新技术企业，并减按15%的税率征收企业所得税。

财政政策如何助力制造强国战略实施？

制造业是国民经济的支柱产业，是工业化和现代化的主导力量，是国家安全和人民幸福的物质保障，是衡量一个国家或地区综合经济实力和国际竞争力的重要标志。大力发展制造业，对我国实施创新驱动发展战略、加快经济转型升级、实现中华民族伟大复兴的中国梦具有十分重要的战略意义。必须坚持发展制造业的决心和信心不动摇，通过制造业创新升级，铸就更加坚实的强国之基。而实施制造强国战略，推动制造业由大变强，是实现经济稳增长、调结构、提质增效的客观要求。

建设制造强国是国家战略，也是一项系统工程，必须把社会各方面的力量动员起来，把社会各方面的资源整合起来，共同推进。财政作为国家治理的基础和重要支柱，是政府实施宏观调控的重要工具之一。政府通过加大投入力度、优化税收政策、推动政府采购、加强资金引导和推进服务创新等方式，为制造业发展提供全方位的支持，推动我国从制造大国向制造强国的转变。具体而言，财政政策主要从以下方面提供支持。

加大财政投入支持。加大对制造业财政投入力度，特别是对于高新技术产业、关键零部件领域和基础科学研究等方面，通过直接投资、税收优惠和财政补贴等方式给予支持，促进制造业的技术升级、设备更新和产能扩张。

优化税收政策。通过优化税收来促进制造业的发展。例如，扩大制造业企业研发费用加计扣除范围和比例，以鼓励创新的税务优惠政策支持高质量发展。2008 年，国家将研发费用加计扣除政策以法律形式确认。2015 年，大幅放宽享受优惠政策的研发费用范围，并首次明确负面清单制度。2013 年，又进一步加大优惠力度，将所有符合条件的行业加计扣除比例由 75% 提高到 100%。降低先进制造业增值税税率，改革完善消费税制，降低企业税负，激发企业创新活力。

推动政府采购政策落实。政府采购是推动制造业发展的重要手段之一。财政政策通过制定有针对性的优先采购政策，加大对自主创新产品的采购力度，引导企业加大研发投入，推动制造业朝高端化、智能化、绿色化方向发展。

培育人才和技能提升。通过设立专项基金、提供教育培训补贴等，用于支持制造业人才培养和技能提升，以满足制造业发展对高素质人才的需求。

加强财政资金引导。通过财政资金引导社会资本投向制造业领域，发挥财政资金的杠杆效应。通过设立政府引导基金，财政资金"拨改投"，发挥财政资金"四两拨千斤"的作用，引导社会资本共同推动企业发展。例如，设立制造业发展基金、引导银行贷款投向等，为制造业发展提供资金支持。

改革创新激励机制。通过改革创新激励机制，提供奖励和补贴措施，鼓励企业进行技术改造、转型升级和创新发展。当创新得到应有的回报和认可时，企业和个人就更愿意投入资源进行研发和创新，从而推动制造业的技术进步和产品升级。

❯ 知识链接　制造强国战略的内涵

制造强国战略是中国政府提出的一项长期发展战略，旨在通过技术创新和产业升级，将中国从制造大国转变为制造强国。这一战略的核心目标是提升中国制造业的核心竞争力，实现从低端制造向高端制造的转变，从而推动经济的可持续发展。"十四五"规划纲要进一步明确深入实施制造强国战略，提出坚持自主可控、安全高效，推进产业基础高级化、产业链现代化，保持制造业比重基本稳定，增强制造业竞争优势，推动制造业高质量发展。制造强国战略是中国制造业转型升级的行动指南，也是中国实现从工业大国向工业强国转变的重要途径。这一战略的实施有助于推动中国经济的持续健康发展，并在全球经济中发挥更大的作用。

财政政策如何助力培育壮大战略性新兴产业？

早在 2010 年，国务院印发的《关于加快培育和发展战略性新兴产业的决定》已指出，加快培育和发展战略性新兴产业对推进我国现代化建设具有重要战略意义。其后，"十二五""十三五""十四五"期间均有战略性新兴产业的顶层设计出台，并根据我国的发展阶段与战略规划，对战略性新兴产业的内涵外延进行了一定的调整与拓展。要用好政策空间、找准发力方向，扎实推动经济高质量发展。要精准有力实施宏观调控，加强逆周期调节和政策储备。要继续实施积极的财政政策，延续、优化、完善并落实好减税降费政策，发挥总量和结构性货币政策工具作用，大力支持科技创新、实体经济和中小微企业发展。要保持人民币汇率在合理均衡水平上的基本稳定。要活跃资本市场，提振投资者信心。战略性新兴产业的发展需要大量的资金支持和政策保障。具体而言，财政政策主要通过财政支出、税收优惠、产业基金等，对战略性新兴产业进行有效引导和支持。

财政支出。首先，财政支出可直接用于战略性新兴产业的研发投入。通过一般预算直接支出，将资金投入到研发项目中，支持新兴产业的技术创新和产品研发。其次，财政支出可用于战略性新兴产业的技术创新。通过项目补贴等方式，鼓励企业进行技术创新，提高其核心竞争力。最后，财政支出还可用于战略性新兴产业的市场推广。通过市场准入支持、宣传推广等措施，帮助企业拓展市场，提高产业的市场竞争力。

税收优惠。通过减免税收降低企业成本压力，鼓励研发和加大创新投入力度推动企业绿色发展，税收优惠政策可以为战略性新兴产业提供良好的发展环境。然而，税收优惠政策的实施也需要根据不同行业和企业的具体情况进行差异化设计，避免出现资源浪费和不公平竞争的问题。因此，在制定和实施税收优惠政策时，需要综合考虑各方面因素，确保政策的科学性和有效性，进一步促进战略性新兴产业的发展。

产业基金。政府可以设立专门的产业投资基金，用于推动战略性新兴产业的发展。这些基金可以提供优惠贷款、股权投资和风险补偿等，提高战略性新兴产业的融资能力和市场竞争力。此外，产业基金还可以促进战略性新兴产业之间的合作与创新，有利于资源的流动和优化，提高产业的整体效益和竞争力，形成良性循环的产业生态系统。

❯ 知识链接　**战略性新兴产业的定义和范围**

战略性新兴产业是以重大技术突破和重大发展需求为

基础，对经济社会全局和长远发展具有重大引领带动作用，知识技术密集、物质资源消耗少、成长潜力大、综合效益好的产业，包括：新一代信息技术、生物技术、新能源、新材料、高端装备、新能源汽车、绿色环保及航空航天、海洋装备等产业，囊括了先进制造业和现代服务业的绝大部分行业。

财政政策如何助力补强产业链薄弱环节？

产业链是一个复杂系统，贯穿经济发展全过程各领域，关联方面多、产生影响大。链上环节联系紧密，如遇问题可能"牵一发而动全身"。财政政策应坚持稳字当头、安全第一，加快"扬长补短"，更加注重补短板和锻长板，确保产业链安全稳定。

做强做优现有通道，使得产业链高质高效。一方面，增加财政投入提供支持，强化现有通道联系，优化互联互通共同发展黄金通道。使用对关键技术研发、基础设施建设、人才培养等方面的直接投资，以及通过财政补贴、税收优惠等方式间接支持，来加快推进综合立体交通网主骨架空间格局建设，加强东中西部地区、沿江沿海战略骨干通道建设。借由通道推进战略部署衔接，将增强国内国际双循环联动效应，形成我国特有的超大规模市场和超强流通体系双重保障，吸引全球资源要素、市场主体融入通道建设使用、生产发展和治理维护，形成跨省域、区域、国境、洲界的多样化大市场。另一方面，优化财政支出结构，确保财政资金更多地流向产业链的关键和薄弱环节，加快推进构建现代化基础设施体系，破解通道流通顺畅难题。增加对科技创新、教育、研发等领域的投入，以提高现有通道的整体技术水平和竞争力，进而增强国内大循环内生动力和可靠性，着力提升国际循环质量和水平，保障国内国际双循环相互促进、相得益彰。

增强生产布局能力，确保产业链循环畅通。一是集中力量优化生产力布局，推进战略协同。通过建立产业基金、提供产业链整合补贴等方式，鼓励企业之间的合作和整合。落实全国统一大市场构建，完善要素市场化配置，全方位夯实产业基础，全力加强和振兴先进制造业，全面推动产业体系转型升级。二是建立产业链风险补偿机制。产业链的薄弱环节往往伴随着较高的风险，设立产业风险基金、提供保险补贴等，可以降低企业在补强产业链薄弱环节过程中的风险。借力数字化推进产业链供应链创新优化和转型升级，下大功夫加强产业链互联互通，减少制造业供应链漏洞，推动产业链上中下游贯通，增强产业链内部适配性和互补性，推进链条内部合作，整体推进强链补链优链。三是通过支持国际技术交流、合作研发、引进外资等方式，加强与国际产业链的对接和融合。在全球产业链中，许多关键技术和资源的获取

216

需要国际合作。一方面，探索和创新与重要支点国家产业合作着力点与方式，可以强化生产连接，加快发展优势产业，提升贸易投资合作质量和水平。另一方面，有利于建立健全面向全球优质高效的贸易、投融资和服务网络，形成多元稳定、安全高效、优势互补的产业体系。

财政政策保障科技政策自立自强的形式有哪些？

《中共中央关于制定国民经济和社会发展第十四个五年规划和二〇三五年远景目标的建议》提出，坚持创新在我国现代化建设全局中的核心地位，把科技自立自强作为国家发展的战略支撑，面向世界科技前沿、面向经济主战场、面向国家重大需求、面向人民生命健康，深入实施科教兴国战略、人才强国战略、创新驱动发展战略，完善国家创新体系，加快建设科技强国。

近年来，我国深入实施创新驱动发展战略，着力健全科技投入机制，加强财税政策供给，推动科技事业发生历史性变革、取得历史性成就。按照国家"十四五"规划纲要部署，坚持把科技作为财政支出的重点领域，聚焦国家战略需求优化支出结构，财政政策重点从以下四个方面支持加快科技自立自强。

　　财政政策强化国家战略科技力量。推动健全社会主义市场经济条件下新型举国体制，切实保障国家重大科技任务经费，支持打好关键核心技术攻坚战，集中解决一批"卡脖子"问题。按照"成熟一项、启动一项"原则，加快推进"科技创新2030-重大项目"组织实施。稳定支持国家实验室建设运行，支持国家重点实验室体系重组。加大财政对基础研究的投入力度，进一步健全鼓励支持基础研究、原始创新的体制机制。

　　财政政策提升企业技术创新能力。推动产学研深度融合，支持企业牵头组建创新联合体，承担国家重大科技项目。在国家科技计划中实施"后补助"支持方式，引导企业加大科技创新力度。扩大国家科技成果转化引导基金规模，促进科技成果在企业转移转化和资本化、产业化。落实和完善支持科技创新税收政策，对企业投入基础研究实行税收优惠，提高制造业企业研发费用加计扣除比例，鼓励企业增加研发投入。支持开展首台（套）重大技术装备保险补偿试点，促进重大技术装备的创新。

　　财政政策激发人才创新活力。尊重人才成长规律，支持全方位培养、引进、用好人才，造就更多国际一流的科技领军人才和创新团队。健全创新激励和保障机制，构建充分体现知识、技术等创新要素价值收益分配机制。完善科研人员职务发明成果权益分享机制，推动健全以创新能力、质量、贡献为导向的科技人才评价体系。

　　财政政策推动完善科技创新体制机制。强化科技资源统筹，推动重点领域项目、基地、人才、资金一体化配置，健全政府投入为主、社会多渠道投入机制。推动科技项目组织管理实施"揭榜挂帅"等方式。加强绩效管理，提高科技资金配置效率和使用效益。支持科研院所加快改革，赋予高校、科研院所更大的自主权。同时，坚持以全球视野谋划和推动科技创新，支持科技开放合作。

财政政策如何助力健全新型举国体制？

　　举国体制是指在面临高度不确定性条件下，在关系到国家安全的特定领域，以国家重大战略需求为导向，以国家意志为主导，倾全国之力实现国家重大战略目标的一种特殊制度安排。举国体制的特征是以特殊机构执行和完成重大任务。举国体制是一种任务体制，无关社会主义制度或资本主义制度，无关计划经济体制或市场经济体制，只是与完成重大任务的需要有关。举国体制包括体育竞争举国体制、科技举国体制、国家治理举国体制等。

　　尽管新型举国体制在提出后至今没有明确的官方解释，但由于举国体制的实质是任务体制，所以"新型"的涵义可由中国在新的历史时期所完成的重大任务及其采用的方式来定义。新型举国体制的正式提法最早见于 2011 年科技部等九部门联合发布的《国家"十二五"科学和技术发展规划》，随后 2016 年的《"十三五"国家科技创新规划》、2019 年党的十九届四中全会和 2021 年党的十九届六中全会等均明确提出了新型举国体制的重要命题。2022 年中央全面深化改革委员会第二十七次会议审议通过《关于健全社会主义市场经济条件下关键核心技术攻关新型举国体制的意见》，确立了新型举国体制在关键核心技术攻关中的重要作用。2023 年《数字中国建设整体布局规划》指出，健全社会主义市场经济条件下关键核心技术攻关新型举国体制。

新型举国体制注重有效市场和有为政府的有机结合。当前，财政政策助力健全新型举国体制的方式如下。

创新财政科技投入资金方式。当前，财政科技计划分为自然科学基金、科技重大专项、重点研发计划、技术创新引导专项、基地和人才专项五类，分别针对基础前沿、重大项目、公益共性、市场导向、平台竞争五类科研项目。在基础前沿类、重大项目类和公益共性类科研项目中，财政科技资金发挥主体作用，特别注重发挥新型举国体制在实施国家科技重大专项中的作用。同时鼓励和引导社会参与的持续稳定投入。在市场导向类和平台竞争类科研项目中，财政科技资金作为间接投入，采取风险补偿、"后补助"、创投引导等多种方式发挥财政资金的杠杆作用。

完善财政科技预算制度。以 2021 年对《国家自然科学基金资助项目资金管理办法》的修订为例，总结当前我国财政科技经费管理制度特点。一是扩大预算编制的自主权。将预算科目由原先的 9 个简化为设备费、业务费和劳务费 3 个，同时扩大不同类别预算科目的资金使用范围。二是扩大预算调剂的自主权。将项目预算的调剂权全部下放至项目的具体承担单位和项目负责人。三是扩大经费的包干制范围。对于从事基础性、前沿性和公益性研究的科研机构和单位，允许实施经费包干制。四是扩大结余资金的留用自主权。经基金委批准结题的项目，结余资金由项目依托单位使用，统筹安排用于基础研究的直接支出。

87 财政政策如何发挥在关键核心技术攻关中的引领作用?

财政政策聚焦企业创新能力的关键环节，引导并支持各类企业将科技创新置于核心竞争力的地位，为实现高水平科技自主发展、推动经济稳健增长和高质量发展提供有力支持。财政政策在发挥核心技术攻关引领作用的过程中，主要有以下几个关键方面。

高新技术企业及重点行业企业的所得税优惠力度进一步强化。在对高新技术企业实行 15% 的企业所得税优惠税率的基础上，自 2017 年 1 月 1 日起，对经认定的技术先进型服务企业实行 15%的企业所得税优惠税率。自 2014 年 1 月 1 日起，符合条件的集成电路封装、测试企业以及集成电路关键专用材料生产企业、集成电路专用设备生产企业，在 2017 年前（含 2017 年）实现获利的，自获利年度起，享受"两免三减半"的企业所得税优惠。自 2018 年 1 月 1 日起，对投资新设的符合条件的集成电路生产企业或项目，进一步给予"五免五减半"的企业所得税优惠。自 2020 年 1 月 1 日起，对国家鼓励的集成电路生产企业，区分线宽和经营期，分别给予企业所得税"十免""五免五减半""两免三减半"的企业所得税优惠；对国家鼓励的集成电路设计、装备、材料、封装、测试企业和软件企业，实行"两免三减半"的企业所得税优惠政策；对国家鼓励的重点集成电路设计企业和软件企业，自获利年度起，第一年至第五年免征企业所得税，接续年度实行 10%的企业所得税优惠税率。自 2020 年 1 月 1 日起，对中国（上海）自由贸易试验区临港新片区内从事集成电路等关键领域核心环节产品（技术）业务，并开展实质性生产或研发活动的符合条件的法人企业，自设立之日起 5 年内实行 15%的企业所得税优惠税率。

研发费用加计扣除政策的力度持续加大。我国从 1996 年开始在部分工业企业中试行研发费用加计扣除 50%的政策，自 2006 年起将政策覆盖面扩大至各类企业、科研机构和大专院校等，随后该项目政策被写入 2008 年实施的企业所得税法及其实施条例。为进一步支持科技创新、激励企业加大研发投入力度，我国从 2017 年起将科技型中小企业研发费用税前加计扣除比例提高至 75%，并将 2018—2023 年研发费用加计扣除 75%政策的享受主体扩大至所有企业。制造业企业自 2021 年 1 月 1 日起，科技型中小企业自 2022 年 1 月 1 日起，研发费用加计扣除比例均进一步提高至 100%。

固定资产加速折旧政策的适用范围不断扩大。 为鼓励企业加大研发投入力度，党的十八大以来，我国通过实施固定资产加速折旧政策、不断加大研发费用加计扣除政策力度、加快建立增值税期末留抵退税制度、实施高新技术企业及重点行业企业所得税优惠政策等一系列税收优惠措施，减轻了企业税收负担和资金压力，与企业共担风险。在企业所得税法及其实施条例规定的固定资产加速折旧条款的基础上，财政部和国家税务总局多次发文，表示要扩大固定资产加速折旧政策的适用范围。对生物药品制造业等 6 个行业企业 2014 年 1 月 1 日后新购进的固定资产，以及轻工等 4 个领域重点行业企业 2015 年 1 月 1 日后新购进的固定资产，允许企业缩短折旧年限或采取加速折旧方法。自 2019 年 1 月 1 日起，进一步将适用这一政策的行业范围扩大至全部制造业领域。此外，企业在 2018 年 1 月 1 日至 2023 年 12 月 31 日新购进的单位价值不超过 500 万元的设备、器具，可在企业所得税前一次性扣除。

支持企业关键技术攻关的财政资金支持力度持续增强。 第一，财政部门坚持把科技作为财政支出的重点领域予以优先保障，特别是近年来在财政收支矛盾较为突出的情况下，加强财政资源统筹，强化科技攻关等重大战略任务经费保障。第二，财政持续加大基础研究的资金投入力度，健全多元化投入机制。第三，财政政策稳定支持强化国家战略科技力量，提升科技攻关体系化能力，推进国家实验室建设、全国重点实验室重组，加快中国特色、世界一流大学建设，提高国家科研机构创新能力。第四，财政政策优先支持全方位培养、引进、用好科技人才，培养造就一支规模宏大、素质优良、结构合理的科技人才队伍。

财政政策如何加大对科技人才及团队培养的支持力度？

为推动科技成果转化、提高创新回报、激发人才创新活力，自党的十八大以来，我国在企业所得税和个人所得税方面相继出台了多项税收优惠政策。特别是在个人所得税领域，政府实施了一系列措施，如股权激励、促进科技成果转化以及吸引高端人才的税收优惠政策。这些政策积极作用显著，有效地吸引了科技人才，巩固了人才队伍，同时也激发了创新主体在创新领域的积极性。

实施技术转让所得企业所得税优惠政策。在限额内对居民企业技术转让所得免征企业所得税，超过部分减半征收。自 2015 年 10 月 1 日起，全国范围内的居民企业转让 5 年以上非独占许可使用权取得的技术转让所得，纳入享受企业所得税优惠的技术转让所得范围。居民企业的年度技术转让所得不超过 500 万元的部分，免征企业所得税；超过 500 万元的部分，减半征收企业所得税。自 2020 年 1 月 1 日起，在中关村国家自主创新示范区特定区域内注册的居民企业，符合条件的技术转让所得，在一个纳税年度内不超过 2000 万元的部分，免征企业所得税；超过 2000 万元部分，减半征收企业所得税。

实施科技成果转化和股权激励个人所得税优惠政策。在科技成果转化上，对高新技术企业给予本企业相关技术人员的股权奖励，可在 5 年内分期缴税；个人以技术成果投资入股境内居民企业可享受递延纳税政策；对非营利性研究开发机构和高等学校的科技人员取得的职务科技成果转化现金奖励减半征收个人所得税。在股权激励上，获得股权激励的上市公司员工可延期缴纳个人所得税，非上市公司员工可适用个人所得税递延纳税政策。自 2016 年 1 月 1 日起，全国范围内的高新技术企业转化科技成果，给予本企业相关技术人员的股权奖励，个人一次缴纳税款有困难的，可根据实际情况自行制定分期缴税计划，在不超过 5 个公历年度内（含）分期缴纳。自 2016 年 9 月 1 日起，企业或个人以技术成果投资入股到境内居民企业，被投资企业支付的对价全部为股票（权）的，企业或个人可选择适用递延纳税优惠政策。选择技术成果投资入股递延纳税政策的，经向主管税务机关备案，投资入股当期可暂不纳税，允许递延至转让股权时，按股权转让收入减去技术成果原值和合理税费后的差额计算缴纳所得税。自 2018 年 7 月 1 日起，依法批准设立的非营利性研究开发机构和高等学校根据《中华人民共和国促进科技成果转化法》规定，从职务科技成果转化收入中给予科技人员的现金奖励，可减按 50%计入科技人员当月"工资、薪金所得"，依法缴纳个人所得税。自 2016 年 9 月 1 日起，对上市公司授予个人的股票期权、限制性股票和股权奖励，经向主管税务机关备案，个人可自股票期权行权、限制性股票解禁或取得股权奖励之日起，在不超过 12 个月的期限内缴纳个人所得税；对非上市公司授予本公司员工的股票期权、股权期权、限制性股票和股权奖励，符合规定条件的，经向主管税务机关备案，可实行递延纳税政策，即员工在取得股权激励时可暂不纳税，递延至转让该股权时纳税；股权转让时，按照股权转让收入减除股权取得成本以及合理税费后的差额，适用"财产转让所得"项目，按照 20%的税率计算缴纳个人所得税。

在部分区域实施吸引高端人才的个人所得税优惠政策。自 2013 年起，在广东横琴、深圳前海以及福建平潭等地实施港澳台居民、境外高端人才个人所得税税负差额补贴政策。自 2019 年 1 月 1 日起至 2023 年 12 月 31 日，对广东、深圳按内地与香港个人所得税税负差额给予在粤港澳大湾区工作的境外（含港澳台）

高端人才和紧缺人才的补贴免征个人所得税。自 2020 年 1 月 1 日起至 2024 年 12 月 31 日，对在海南自由贸易港工作的高端人才和紧缺人才的个人所得税实际税负超过 15% 的部分予以免征，享受该优惠政策的所得包括来源于海南自由贸易港的综合所得（工资薪金、劳务报酬、稿酬、特许权使用费四项所得）、经营所得以及经海南省认定的人才补贴性所得。自 2021 年 1 月 1 日起至 2025 年 12 月 31 日，对在横琴粤澳深度合作区工作的境内外高端人才和紧缺人才的个人所得税负超过 15% 的部分予以免征。

89 如何深化财政科技经费分配使用机制改革？

科研经费管理是科技管理改革的重要内容，对于更好激发科研人员积极性、促进科技创新具有重要意义。习近平总书记强调："给予科研单位更多自主权，赋予科学家更大技术路线决定权和经费使用权，让科研单位和科研人员从繁琐、不必要的体制机制束缚中解放出来！"① 党的十八大以来，党中央、国务院先后出台一系列优化科研经费管理的政策文件和改革措施，有力地激

---

① 《习近平著作选读》第二卷，人民出版社 2023 年版，第 473 页。

发了科研人员的创新活力，促进了科技事业发展。

赋予科研人员更大财政经费使用自主权。

坚持遵循科研活动规律，本着能放则放、应放尽放的原则，赋予科研人员更大的经费使用自主权。

扩大预算编制自主权。精简预算科目，从 9 个以上精简为设备费、业务费、劳务费 3 个。

扩大预算调剂自主权。将设备费预算调剂权全部下放给项目承担单位，除设备费外的其他费用调剂权全部由项目承担单位下放给项目负责人，根据实际情况使用。

扩大经费包干制范围。不仅在人才类和基础研究类科研项目中推行经费包干制，还将经费包干制从项目层面扩大到科研机构层面，鼓励有关部门和地方在从事基础性、前沿性、公益性研究的独立法人科研机构开展经费包干制试点。

扩大结余资金留用自主权。考虑到科研活动的连续性，以及避免突击花钱等问题，明确项目结余资金留归项目承担单位继续使用，由单位统筹安排用于科研活动直接支出，优先考虑原项目团队科研需求。

提高拨付效率，减轻科研人员报销负担。

完善拨付流程，明确拨付时限，压实拨付责任，及时将经费拨付至项目参与单位，确保科研活动正常推进。全面落实科研财务助理制度，确保每个项目配有相对固定的科研财务助理，为科研人员在预算编制、经费报销等方面提供专业化服务。改进财务报销管理方式，切实解决科研人员"找票""贴票"等问题。推进无纸化报销。选择部分中央高校、科研院所、企业，纳入电子入账凭证会计数据标准推广范围，推动科研经费报销数字化、无纸化。

激励科研人员干事创业。

在经费来源方面，做到"有钱可以发"。一是提高间接费用比例。二是扩大从稳定支持科研经费中提取奖励经费试点范围。三是加大科技成果转化激励力度，强调科技成果转化收益要对职务科技成果完成人和为科技成果转化作出重要贡献的人员给予奖励和报酬。

在经费使用范围方面，实现"有钱应该发"。明确科研项目聘用人员的"五险一金"均可以从科研经费中列支。

在绩效工资总量管理方面，防止"有钱发不出"。中央高校、科研院所、企业绩效工资水平实行动态调整，由主管部门审批后报人力资源社会保障部门、财政部门备案。中央高校、科研院所、企业分配绩效工资时，要向承担国家科研任务较多、成效突出的科研人员倾斜，探索对急需紧缺、业内认可、业绩突出的极少数高层次人才实行年薪制。

完善财政科研经费的监督检查机制。

包括加强审计监督、财会监督与主管部门日常监督的贯通协调，增强监督合力；强化项目承担单位法人责任，对严重失信行为实行追责和惩戒。

财政政策与社会政策如何协调发挥兜底作用？

社会政策是保障和改善民生的重要政策工具，财政政策与社会政策协调发挥兜底作用，实现取之于民、用之于民的财政效果，把保障和改善民生建立在经济发展和财力可持续的基础之上。为了加强财政政策与社会政策的有效配合，形成合力效应，我国主要采取了以下方式。

建立民生政策和财政收入增长相协调的机制。围绕推动高质量发展，积极支持科技攻关、乡村振兴、区域重大战略、教育、基本民生、绿色发展等重点领域。大力优化支出结构，不断提高支出效率。不断完善财政资金直达机制，促进财政资金的规范高效使用。

充分发挥财政资金的民生兜底作用，切实织密社会"保障网"。落实落地城乡居民基本养老金提标政策。实施农村困难群众医保救助工程，着力解决因病致贫、因病返贫问题。落实重点优抚对象等人员的抚恤和生活补助待遇政策，并逐步提高生活补助标准，确保困难残疾人生活补贴和重度残疾人护理补贴政策的有效推进。落实高龄津贴提标政策，提高老龄津贴补助标准，保障老龄人口基本生活。

把保障和改善民生建立在经济发展和财力可持续的基础之上。党的二十大强调："着力解决好人民群众急难愁盼问题，健全基本公共服务体系，提高公共服务水平，增强均衡性和可及性，扎实推进共同富裕。"① 这就要求我们在缩小区域、城乡、居民收入和财富差距的同时，也要努力提高经济效率，提高居民总体收入水平和富裕程度。这也意味着在推进共同富裕的过程中，财政政策要发挥好兜底作用，把保障和改善民生建立在经济发展和财力可持续的基础之上。

财政政策如何健全社会保障体系？

社会保障体系是指国家为保障社会成员的基本生活和福利而提供物质帮助的各项措施的统称，旨在为公民和居民在经济和社会方面提供保障，从而帮助他们应对各种风险和困难，提高生活质量并促进社会稳定。该体系着重覆盖养老保险、医疗保险、失业保险、工伤保险、生育保险等多项社会保险项目，对社会稳定

---

① 习近平：《高举中国特色社会主义伟大旗帜　为全面建设社会主义现代化国家而团结奋斗——在中国共产党第二十次全国代表大会上的报告》，人民出版社 2022 年版，第 46 页。

和公平至关重要。财政政策则通过合理的资源分配和资金调配，确保社会保障体系的可持续发展和覆盖范围的扩大。

加大财政资金对于社会保障领域的投入。财政投入作为社会保障体系的一个重要资金来源，在确保社会保障体系稳定运行中扮演着至关重要的角色。政府通过增加社会福利支出，确保个人和家庭在面对各种风险和困难时能够获得相应的经济支持和帮助。2018—2021 年，全国财政社会保障资金累计支出 14.88 万亿元，年均增幅 7.4%，比同期全国财政支出整体增幅高 3.8 个百分点，占全国财政支出的比重从 14.9%提高到 16.6%。

提升社会保障统筹层次，理顺在社会保障领域的央地权责关系。习近平总书记强调："要推动基本医疗保险、失业保险、工伤保险省级统筹，进一步明确中央与地方事权和支出责任。"[①] 通过省级统筹，政府能够整合和优化各地的资源分配，确保社会保障资源得到合理配置，更有效地满足各地区、各类人群的需求。此举还将有助于建立统一的社会保障标准和政策体系，消除地区间的差异，避免不公平现象，从而提升社会保障体系的公平性和普及率。

税收政策促进商业养老和医疗保障制度的发展。《关于个人养老金有关个人所得税政策的公告》中对于具体的个人养老金的税收优惠政策进行了规定，"自 2022 年 1 月 1 日起，对个人养老金实施递延纳税优惠政策。在缴费环节，个人向个人养老金

[①] 《习近平著作选读》第二卷，人民出版社 2023 年版，第 451 页。

资金账户的缴费，按照 12000 元 / 年的限额标准，在综合所得或经营所得中据实扣除；在投资环节，计入个人养老金资金账户的投资收益暂不征收个人所得税；在领取环节，个人领取的个人养老金，不并入综合所得，单独按照 3% 的税率计算缴纳个人所得税，其缴纳的税款计入'工资、薪金所得'项目"。《关于延续实施医疗服务免征增值税等政策的公告》提出，"医疗机构接受其他医疗机构委托，按照不高于地（市）级以上价格主管部门会同同级卫生主管部门及其他相关部门制定的医疗服务指导价格（包括政府指导价和按照规定由供需双方协商确定的价格等），提供《全国医疗服务价格项目规范》所列的各项服务，可适用《营业税改征增值税试点过渡政策的规定》（财税〔2016〕36 号）第一条第（七）项规定的免征增值税政策"。

❯ 知识链接　我国社会保障体系的构成

我国社会保障体系包括养老保险、医疗保险、失业保险、工伤保险四大组成部分。

（1）养老保险。养老保险制度是为了保障退休人员的基本生活而设立的。我国养老保险分为城镇职工基本养老保险和城乡居民养老保险两个体系，前者主要覆盖城镇企事业单位员工，后者主要覆盖农村和城市非公有制经济从业人员。

（2）医疗保险。医疗保险制度是为了解决医疗费用高昂的问题。保障人们的基本医疗需求而设立的。我国的医疗保险包括基本医疗保险和大病保险两个级别，基本医疗保险主要覆盖城镇职工、居民及农村居民。此外，生育保险也包含在基本医疗保险中，生育保险制度是为了支持和保障女性的生育权益而设立的，在劳动者因生育子女而导致劳动力暂时中断时提供及时的物质支援。大病保险则是为了应对特定重大疾病所产生的高额医疗费用而设立的。

（3）失业保险。失业保险制度旨在对失业人员提供一定期限内的失业救济金或失业补助金，以帮助他们渡过找工作期间的经济困难。

（4）工伤保险。工伤保险制度旨在提供社会帮助，当劳动者在工作中或特殊情况下遭受意外伤害、患职业病导致暂时或永久丧失劳动能力或死亡时，劳动者或其遗属可从国家和社会获得物质支持。

 财政政策如何兜住基层"三保"底线？

基层"三保"的含义在不同历史阶段有所差异。基层"三保"

的表述首次出现在 2010 年财政部印发的《关于建立和完善县级基本财力保障机制的意见》中，该文件明确提出县级基本财力保障机制的目标是实现县乡"保工资、保运转、保民生"。其后，"三保"口径与范围等有所调整，逐步演变为"保工资、保运转、保基本民生"。2020 年财政部印发《关于有效应对新冠肺炎疫情影响切实加强地方财政"三保"工作的通知》，出现了"保基本民生、保工资、保运行"的新排序，将"保基本民生"置于首位。当前，基层政府"三保"即指基层政府"保基本民生、保工资、保运转"，具体包括基本民生支出、财政供养人员经费、运转经费和其他必要支出。其他必要支出包括地方政府一般债务付息支出等。

基层"三保"关系到政府职能履行和人民群众切身利益，是维护经济运行秩序和社会大局稳定的"压舱石"。受经济增速下滑、新冠疫情冲击、大规模减税降费等多重因素影响，基层政府可用财力减少、刚性支出不减反增，财政收支矛盾突出，基层"三保"面临较大压力。当前，财政兜住基层"三保"底线的措施如下。

坚持将"三保"作为预算安排的重点支出。坚持"三保"支出在财政支出中的优先顺序，坚持国家、省、市、县标准在"三保"支出中的优先顺序。按照"县级为主、省级兜底"的原则，县级财政要保障"三保"预算逐项足额编列，省级财政要抓好县级"三保"预算编制的审核工作。

增强基层财力保障力度。保基本民生、保工资、保运转，离不开真金白银的投入。中央政府通过采取新增财政赤字、发行特别国债、大力压减中央本级支出、扩大财政资金直达机制范围等措施，加大对地方财力支持。

优化财政支出结构。严控一般性支出，大幅压减非刚性、非重点项目支出和公用经费，重点项目和政策性补贴也按照从严从紧、能压则压的原则审核安排。如对于"三公"经费 [政府部门人员因公出国（境）经费、公务车购置及运行费、公务接待费] 预算，坚持从严从紧核定。同时，加强对"三公"经费支出事项必要性、合理性的审核，强化"三公"经费执行管理。

落实财政资金直达机制。财政资金直达机制常态化实施，有助于提升基层"三保"管理能力。如广东省试点建立"三保"资金专户管理机制，专门归集省市县财政安排的财力性补助和补助个人的基本民生资金，实行专款专用、专人审核，省级补助资金"一竿子插到底"直达专户，确保资金优先用于国家和省定"三保"支出。

财政政策如何落实就业优先政策？

就业是最大的民生，对稳就业的一系列宏观政策部署，不仅关系到经济稳定增长，而且关系到社会大局。财政政策作为宏观调控的重要工具，从多方面强化就业优先政策，保市场主体稳就业，支持重点群体就业创业。2023 年，中央财政就业补助资金安排 668 亿元，同比增加 50 亿元，支持各地落实就业创业扶持政策。为推动就业大局稳定，财政政策落实就业优先政策的方式如下。

多措并举促进重点群体就业。财政部出台一次性扩岗补助政策、一次性吸纳就业补贴等阶段性政策，鼓励企业吸纳高校毕业生、失业人员等群体就业。实施西部计划、"三支一扶"计划、"特岗计划"、大学生村医专项计划等，鼓励高校毕业生到基层就业。兜牢困难人员就业底线，为脱贫人口、农村低收入人口、残疾人等提供就业帮扶。进一步支持农民工就业创业，健全脱贫劳动力就业帮扶工作机制。

支持经营主体稳定就业岗位。实行结构性减税降费政策、阶段性降低失业、工伤保险费率政策，着力降低经营主体成本负担。实施失业保险稳岗返还政策，对不裁员、少裁员的企业按比例返还上一年度实际缴纳的失业保险费，支持企业稳定岗位、吸纳就业。缓缴困难企业行业社保费，对受疫情影响较大的餐饮、零售、旅游、民航、公路水路铁路运输行业，允许企业申请阶段性缓缴养老、失业和工伤保险费。

助力创业带动就业。中小微企业是创造就业机会的主要力量。政府通过贷款贴息、减税降费、提供创业资金，以提高对中小微企业的财政支持，进而促进就业。鼓励高校加强创新创业教育，提升大学生的创新创业能力，并对符合条件的高校毕业生给予创业补贴。增加对劳动密集型行业和领域的支持，推动就业市场的发展，包括扩大基础设施建设，加大对教育、医疗等公共服务领域的投资，以及提高对创新和新兴产业的财政支持。

强化对人才培养的支持。把支持技能人才培养培训放在突出位置，大力支持开展职业技能培训。实施国家级高技能人才培训基地和技能大师工作室项目，加大重点领域、急需紧缺工种培训力度，推动职业技能培训由"增量"向"提质"转变。

财政政策如何助力住房保障体系建设?

保障性住房是指政府以廉租房、公租房、限价房、经济适用房、住房补贴、宅基地分配等方式来实现的"住者有其房"的保障制度。随着经济的发展和城市化进程的加快，保障性住房建设已成为国家和地方政府关注的重点之一。然而，目前我国商品房和保障性住房之间存在明显的差距，保障性住房建设滞后，供给量不足，无法满足需求，特别是在一、二线大城市，由于房价高昂，一部分工薪阶层无力购买商品房。2023 年中央经济工作会议强调加快推进保障性住房建设的重要性，这标志着我国新一轮的保障性住房建设正式启动。在建立和完善住房保障体系过程中，财政政策作为一种重要的经济政策工具，发挥着不可替代的作用。

加大财政资金在保障性住房建设方面的投入力度至关重要。保障性住房项目通常依赖于财政拨款等直接投资或政府垫付贷款等方式进行资金投入，这些投资方式具有良好的资金稳定性，能够满足住房保障工程长期且稳定的资金需求。Wind 数据显示，在"十三五"期间，全国在住房保障上的财政投入持续增加，连续五年的支出均超过 6000 亿元，总额达到了 33610 亿元，相较于"十二五"时期增长了 42.3%。仅在 2020 年，中央政府在住房保障方面的直接支出及各类转移支付就达到了 2296 亿元，占全国财政住房保障总支出的 32.5%。此外，中央和省级政府通过补助和转移支付等方式对保障性住房建设资金进行支持。2021年 7 月，国务院办公厅印发《关于加快发展保障性租赁住房的意见》，提出"中央通过现有经费渠道，对符合规定的保障性租赁住房建设任务予以补助"。

税收政策的激励作用。在住房保障体系中，税收政策扮演着支持住房供应和保障的重要角色，通过优惠政策促进和支持住房建设，为保障性住房提供支持。一方面，税收政策可以激励和支持房地产企业或房产开发商参与保障性住房。鉴于我国保障性住房的需求尚有巨大缺口，单纯依靠政府直接投资难以满足当前住房需求，可向这些企业或开发商提供税收优惠，降低保障房建设的成本，通过相关政策稳定和支持其投资及生产活动。《关于保障性住房有关税费政策的公告》规定，"对保障性住房项目建设用地免征城镇土地使用税。对保障性住房经营管理单位与保障性住房相关的印花税，以及保障性住房购买人涉及的印花税予以免征"。另一方面，税收优惠政策还可以降低购买或租赁保障性住房成本，刺激居民的购房和租赁需求。《关于加快发展保障性租赁住房的意见》提出，"利用非居住存量土地和非居住存量房屋建设保障性租赁住房，取得保障性租赁住房项目认定书后，比照适用住房租赁增值税、房产税等税收优惠政策。对保障性租赁住房项目免收城市基础设施配套费"。

❯ 知识链接　新闻：各地加快推进保障性住房建设和供应

《经济日报》：配售型保障性住房拉开建设大幕。2024年1月13日，广州市在黄埔区知识城何棠下村举行首批配售型保障性住房开工仪式。据了解，2024年广州市计划筹建配售型保障性住房不少于1万套，共涉及12个项目，其中新开工项目8个，通过存量房源转化4个项目。2023年12月28日，深圳市首批配售型保障性住房建设集中开工，本次集中开工共有13个配售型保障性住房项目，建设面积 75.7 万平方米，总投资约 125 亿元，房源合计 1 万余套，项目周边交通、教育、商业等配套较为完善。

澎湃新闻：2024 年，宁波市完善住房保障体系，公租房在保家庭达 6 万户，筹建保障性租赁住房 3 万套（间）以上，新增配售型保障性住房 4000 套。

《人民日报》：2024 年上海市加快保障性租赁住房建设，满足新市民、青年人和一线务工人员等的住房需求。

95　财政政策如何加快高质量教育体系建设？

党的十九届五中全会通过的《中共中央关于制定国民经济和社会发展第十四个五年规划和二〇三五年远景目标的建议》中明确提出了"建设高质量教育体系"。高质量教育体系建设包含了"高质量"和"教育体系"两个关键要素。"高质量"指的是一个教育体系在提供教育服务时，能够确保教育的全面性、可持续性和有效性，包括提供优质的教育资源、高水平的教育教学质量、对学生的全面培养、注重学生个体差异和需求，以及不断追求教育改革和创新的能力。"教育体系"是指包括学前教育、基础教育、高等教育、职业教育等各个层次和各种形式的教育在内的一套完整的教育制度。而在其中，财政可以起到加速高质量体系建立的作用。

加大财政政策的资金投入，促进高质量教育体系建设。财政政策的资金投入是促进高质量教育体系建设的必要措施，通过财政政策注入更多的资金，可以为促进高质量教育体系的建设提供激励和支持。《关于 2023 年中央和地方预算执行情况与 2024 年中央和地方预算草案的报告》提出，支持加快建设高质量教育体系，落实"一个一般不低于，两个只增不减"要求，健全财政教育投入机制。中央本级教育支出在 2024 年度将安排 1649 亿元，较 2023 年增长了 5%。此举旨在加强对义务教育经费的保障，深化对义务教育薄弱环节的改善和能力建设，优化区域内教育资源的分配，加快实现义务教育的优质均衡发展和城乡一体化，同时支持改善农村寄宿制学校的办学条件。为了多渠道增加普惠性学前教育资源，推动学前教育的普及、普惠、安全和优质发展，中央财政还将安排 120 亿元作为补助资金。另外，中央财政还将安排 313 亿元用于实施现代职业教育质量提升计划，其中包括研究建立基于专业大类的职业教育差异化生均拨款制度，以增强职业教育的适应性。为支持高水平研究型大学的改革和发展，加快建设具有中国特色、世界一流水平的大学和优势学科，中央财政将安排相关转移支付 404 亿元，重点支持地方高校特别是中西部地区高校的改革发展。同时，中央还将持续支持教师队伍建设，并安排 723 亿元作为学生资助补助经费，以减轻困难家庭的教育负担。

税收优惠政策在引导社会资本建设高质量教育体系方面扮演

着关键的角色。财政政策通过税收优惠来影响和引导社会资本向教育领域投入，从而促进高质量教育体系的建设。国家税务总局于 2023 年发布《支持教育事业发展税费优惠政策指引》，对支持教育事业发展的税费优惠政策进行了梳理，主要分为三个方面：支持各类教育教学活动、降低教育机构运营成本、鼓励社会力量积极投入教育事业，这些政策涵盖了 28 项具体优惠政策，涉及增值税、个人所得税、企业所得税、城镇土地使用税、耕地占用税、印花税等税种，为教育行业提供了指导，便利其了解适用税费优惠政策。

96 财政政策如何应对人口老龄化？

人口老龄化是指人口年龄结构中老年人口比重不断增加的现象，这一现象是一个全球性的趋势，主要原因包括医疗水平的提高、生育率的下降等。依据《中国统计年鉴 2021》的人口普查数据，全国 65 岁及以上老年人口占总人口 13.5%，国际一般认为该比重达到 7% 即进入老龄化阶段。到 2050 年前后，我国老年人口规模和比重、老年抚养比（人口中非劳动年龄人口数中老年部分与劳动年龄人口数之比）将相继达到峰值。

人口老龄化将会对我国的财政运行带来多方面的冲击和挑战。首先，老年人口的增加会影响消费和储蓄的结构，进而影响流转税税基。随着老年人口比例的增加，全社会的消费需求下降，同时消费倾向也会改变，而储蓄结构则可能变得更加保守。其次，人口老龄化还会对劳动力市场造成影响，进而影响所得税税基。随着老年人口比例的增加，劳动力市场的劳动参与率降低，造成个人所得税收入降低。此外，老年人口增加也将带来劳动力成本上升，进而导致企业利润下降。最后，人口老龄化还会给政府带来更大的公共财政负担和支出压力。老年人口的养老金、医疗保健、长期护理、社会救助等需求增加，需要更多的公共资源投入。为了应对人口老龄化带来的财政压力，财政政策采取了以下措施。

实施有利于提升劳动力供给的财政政策。首先，实施有利于提升老年人的劳动参与率的财政政策。2021 年 11 月，中共中央、国务院印发《关于加强新时代老龄工作的意见》，提出要鼓励老年人继续发挥作用。把老有所为同老有所养结合起来，完善就业、志愿服务、社区治理等政策措施，充分发挥低龄老年人作用。其次，提升生育率。通过一系列措施，如完善生育保险、儿童教育补贴以及降低托育机构运营成本等财政政策，降低家庭的生育成本，发展普惠托育服务体系，鼓励家庭生育。2022 年 7月，国家卫生健康委等十七部门印发《关于进一步完善和落实积极生育支持措施的指导意见》，提出要"通过中央预算内投资支持和引导，实施公办托育服务能力建设项目和普惠托育服务专项行动，带动地方政府基建投资和社会投资""强化生育保险对参保女职工生育医疗费用、生育津贴待遇等保障作用""优化完善财政补助政策，逐步提高学前教育财政投入水平，保障普惠性学前教育有质量可持续发展"。

通过递延个人所得税制度促进商业保险发展。实施个人税收递延型商业养老保险可以缓解养老金支出压力，并促进商业养老保险的发展；同时这也有助于增加个人养老金储备，减轻政府对养老保障的财政压力。《关于个人养老金有关个人所得税政策的公告》提出，"自 2022 年 1 月 1 日起，对个人养老金实施递延纳税优惠政策"。

构建支撑养老服务体系发展的税收政策体系。构建支撑养老服务体系发展的税收政策体系是缓解政府养老服务支出压力的重要手段。首先，实施有利于减轻子女照顾负担的居家养老税收优惠政策。政府通过制定加计扣除或减轻照料者税收负担的税收优惠措施，鼓励年轻人赡养老年人并尽可能与老年人同住。《关于提高个人所得税有关专项附加扣除标准的通知》规定，"赡养老人专项附加扣除标准，由每月 2000 元提高到 3000 元"。其次，实施鼓励社区养老服务的税收优惠政策。政府通过对提供社区养老服务的机构和个人给予一定的税收优惠，包括减免增值税、所得税等，鼓励更多社区养老服务机构的发展，提高社区养老服务的供给能力，减轻政府的养老服务负担。《关于养老、托育、家政等社区家庭服务业税费优惠政策的公告》提出，提供社区养老的机构享受增值税、所得税、契税、房产税、城镇土地使用税减免，以及免征不动产登记费、耕地开垦费、土地复垦费、土地闲置费等税费优惠政策。

97 财政政策如何繁荣发展文化事业和文化产业？

文化关乎国本、国运。文化兴则国运兴，文化强则民族强。近年来，以习近平同志为核心的党中央把文化建设摆在治国理政的突出位置，不断深化对文化建设的规律性认识，推动文化传承发展，社会主义文化强国建设迈出坚实步伐。坚持以习近平新时代中国特色社会主义思想为指导，深入学习贯彻习近平文化思想，围绕在新的历史起点上继续推动文化繁荣、建设文化强国、建设中华民族现代文明这一新的文化使命，研究支持文化高质量发展的财税政策，健全财政文化资金管理机制，强化财政文化资金对落实党中央、国务院决策部署的保障能力，不断提升财政文化资金分配和使用的科学性、有效性和规范性。

2022年，各地区各部门认真贯彻落实党中央、国务院决策部署，推动促进文化产业各项政策显效发力，文化及相关产业发展总体平稳，生产经营规模持续扩大，新业态带动作用进一步增强，资产总量、利润总额、投资规模保持增长。随着各类文化市场主体发展壮大，我国文化及相关产业（以下简称"文化产业"）规模持续扩大。2022 年，我国文化产业实现营业收入 165502亿元，同比增加 1698 亿元，增长 1.0％；文化产业资产总计为315945 亿元，同比增加 18451 亿元，增长 6.2％；文化产业实现利润总额 12707 亿元，同比增加 341 亿元，增长 2.8％。

财政政策对繁荣发展文化事业和文化产业的作用体现在以下五个方面。

按照党中央决策部署正确把握政策目标和支持方向。首先，各级财政部门紧紧围绕贯彻落实习近平总书记重要讲话精神和党中央决策部署，不断完善政策思路和工作措施，着力强化财政文化资金保障。其次，认真研究制定财政政策，支持推动中华优秀传统文化传承发展、文化遗产保护、国家文化公园、国家文化大数据体系等重点工程建设。最后，及时出台一系列减税降费政策，支持包括文化企业在内的实体经济纾困发展，同时，为支持文化事业单位转企改制，减轻企业负担，专门出台了增值税、企业所得税等相关税收优惠政策。

推进公共文化财政事权和支出责任划分改革，依法落实保障责任。根据国务院办公厅印发《公共文化领域中央与地方财政事权和支出责任划分改革方案》，从基本公共文化服务、文化艺术创作扶持、文化遗产保护传承、文化交流、能力建设五个方面分别确认中央财政事权、中央与地方共同财政事权、地方财政事权，以及相应的支出责任。同时根据相关文化领域法律法规关于财政保障政策的规定，落实相关预算安排，对免费或优惠开放公共文化设施按规定予以补助，通过政府购买服务及税收优惠等支持社会力量参与公共文化服务。

不断健全促进文化事业和文化产业发展的财税政策制度。首先，完善财政文化资金政策体系，陆续出台一系列相关建设费、专项资金、政府性基金等政策，拓宽财政文化资金来源渠道，引导社会力量参加文化公益和产业投资。其次，对影响面较广、资金规模较大的文化领域财政资金制定专门管理办法。在修订印发行政单位、事业单位财务规则的基础上，先后修订印发文化、广播电视、文物等事业单位财务制度，全面规范文化领域行政事业单位财务行为，确保资金管理规范、安全、有效。制定《国有文物资源资产管理暂行办法》，促进国有文物资源资产有效保护和合理利用。将文化领域国有资产管理情况纳入国有资产管理情况综合报告。

逐步完善符合文化发展规律特点的财政支持方式。首先，关于基本公共文化服务，以政府投入为主，中央财政与地方财政分档按比例承担支出责任，通过重点项目补助、因素法分配及绩效奖励等方式予以支持。其次，关于文化遗产保护利用传承，根据国家文物和非物质文化遗产保护利用总体规划、年度计划，聚焦重点领域和关键环节，区分轻重缓急，通过中央本级项目和中央对地方补助项目予以支持。再次，关于繁荣文艺创作，统筹多渠道资金来源，通过国家艺术基金、中国文学艺术发展专项基金等公益性基金，面向全社会开展项目竞争性资助等，支持重大主题创作项目，引领社会主义核心价值观。最后，关于文化产业发展，主要根据国家有关重点发展战略，通过国有资本经营预算、文化产业发展专项资金和中国文化产业投资基金等，对重点项目予以适当支持，发挥政策引导作用，调动经营主体的内生发展动力。支持方式以注资为主，直接补助的资金比重逐年下降。

加强财政文化资金预算绩效管理。加快构建事前事中事后绩效管理闭环体系，积极推动财政文化资金预算绩效管理提质增效，着力提高财政文化资金配置效率和使用效益。首先，进一步加强绩效目标管理。加快推进财政文化资金绩效指标体系建设，按照绩效目标管理办法、中央部门项目支出核心绩效指标设置及取值指引等要求，提高文化领域绩效目标设定质量。将绩效目标审核作为预算审核的重要环节，将国家艺术基金、文物业务工作等重点项目绩效目标报送全国人大审议，并对社会公开，主动接受监督。其次，对体现中央文化部门核心职责和重大改革发展需要，以及新出台或到期延续、资金规模较大的项目，如"故宫博物院开放运行保障费""旅游发展基金"等，开展绩效评估。做好绩效运行监控，促进绩效目标保质保量实现，推动财政资金聚力增效。最后，加强重点项目、重点部门绩效评价，选择文化领域共同财政事权转移支付、专项转移支付和中央部门重点项目开展财政重点绩效评价，开展文化和旅游部部门整体支出绩效评价试点。对财政重点绩效评价得分较低的项目压减预算，统筹用于实施效果较好的重点项目。

 财政政策如何推进健康中国建设？

"健康中国"是党的十九大报告中提出的一个战略目标，旨在提高人民健康水平，实现全民健康。习近平总书记在党的十九大报告中指出，人民健康是民族昌盛和国家富强的重要标志。要完善国民健康政策，为人民群众提供全方位全周期的健康服务。[①]2016 年 10 月，中共中央、国务院印发《"健康中国2030"规划纲要》，提出"共建共享、全民健康""坚持政府主导与调动社会、个人的积极性相结合"的战略主题。财政政策是推动健康中国目标实现的重要手段，在建设健康中国的进程中起着重要的作用。

加大财政支出促进健康中国建设。通过增加财政支出，加大对医疗卫生事业的投入，提升基层医疗卫生服务水平，构建

---

① 习近平:《决胜全面建成小康社会　夺取新时代中国特色社会主义伟大胜利——在中国共产党第十九次全国代表大会上的报告》，人民出版社 2017年版，第 48 页。

更加完善的医疗卫生体系，为全民提供更优质的医疗卫生服务。这不仅能促进医药科研和技术创新，推动医疗技术水平持续提升，为健康中国建设提供更为坚实的技术支持，还能增加对医疗卫生人才队伍建设的投入，培养更多高素质的医护人员，以满足人民群众日益增长的健康需求。根据《2022年我国卫生健康事业发展统计公报》数据统计，2022年全国卫生总费用初步推算为84846.7亿元。其中，政府卫生支出为23916.4亿元，占总费用的28.2%，相比2021年增长了15.67%。社会卫生支出为38015.8亿元，占总费用的44.8%。个人卫生支出为22914.5亿元，占总费用的27.0%。同时《健康中国行动——儿童青少年心理健康行动方案（2019—2022年）》提出要保障经费投入。各地根据儿童青少年心理健康工作需要和财力可能，做好资金保障工作，并加强对资金使用效益的考核。鼓励各种社会资源支持开展青少年心理健康服务。

税收政策促进健康中国建设。通过调整税收政策，有效引导社会资源向医疗卫生事业倾斜，推动健康中国建设。一方面，采取减税、降费等措施，减轻医疗机构和医药企业的负担，鼓励其增加投入，提升服务水平。例如，财政部和国家税务总局发布的《关于延续实施医疗服务免征增值税等政策的公告》中，针对医疗机构按规定价格执行接受其他机构委托提供服务、企业集团内部单位之间的无偿资金借贷等情形，实施免征增值税政策。另一方面，实施税收优惠政策，促进商业医疗保险的发展，有效降低医疗费用负担。例如，国家金融监督管理总局发布的《关于适用商业健康保险个人所得税优惠政策产品有关事项的通知》中，对适用个人所得税优惠政策的商业健康保险产品进行了规定。此外，通过对烟酒征收消费税，引导个人形成良好的健康行为，如减少吸烟、限制酗酒等，降低慢性疾病发病率，促进全民健康。

财政政策如何助推平安中国建设？

近年来，习近平总书记多次强调平安中国建设的重要性，并作出重要指示。他强调，国家安全是民族复兴的根基，社会稳定是国家强盛的前提。必须坚定不移贯彻总体国家安全观，把维护国家安全贯穿党和国家工作各方面全过程，确保国家安全和社会稳定。我们要坚持以人民安全为宗旨、以政治安全为根本、以经济安全为基础、以军事科技文化社会安全为保障、以促进国际安全为依托，统筹外部安全和内部安全、国土安全和国民安全、传统安全和非传统安全、自身安全和共同安全，统筹维护和塑造国家安全，夯实国家安全和社会稳定基层基础，完善参与全球安全治理机制，建设更高水平的平安中国，以新安全格局保障新发展格局。[①] 那么作为国家治理的基础和重要支柱的财政应该在哪些方面助推平安中国建设呢？

一是以财政支持并加强国家安全体系和能力建设，支持加强国家安全宣传教育并增强全民国家安全意识，增强国家安全部门执法能力，加强网络安全建设，防范和打击敌对渗透、破坏、颠覆、分裂活动。

二是用财政手段强化国家经济安全保障，强化经济安全风险预警、防控机制和能力建设，实现重要产业、基础设施、战略资源、重大科技等关键领域安全可控，着力提升粮食、能源、矿产、金融等领域安全发展能力。保证食品安全、粮食战略储备和供应充足；实现煤炭兜底、油气核心需求自保、电力供应可靠，做好战略基地规划布局和战略通道节点安全；以财税及货币政策稳定金融资本市场，稳妥化解地方政府隐性债务，维护金融基础设施安全。

三是全面提高公共安全保障能力，以财税政策支持生产企业淘汰老旧高危生产设备，支持企业以机械化自动化代替高危岗位工种，确保生产安全；加强生物安全风险防控能力，以财政资金支持生物安全实验室和研究所的建立和完善；加强国家生物安全防控和治理能力，以财政基金支持生物安全型企业产学研一体

---

① 习近平:《高举中国特色社会主义伟大旗帜　为全面建设社会主义现代化国家而团结奋斗——在中国共产党第二十次全国代表大会上的报告》，人民出版社 2022 年版，第 52—53 页。

化，鼓励研发；等等。

四是维护社会稳定和安全，以财政拨付支持各地方基层单位对社会矛盾问题进行调解调节的专人化、专业化，从源头出发，坚持和发展新时代"枫桥经验"，构建源头防控、排查梳理、纠纷化解、应急处置的社会矛盾综合治理机制，健全社会心理服务体系和危机干预机制；坚持专群结合、群防群治，以财政手段支持提高社会治安立体化、法治化、专业化、智能化水平，形成问题联治、工作联动、平安联创的工作机制，健全社会治安防控体系；等等。

100 财政政策如何推进数字中国建设？

数字中国建设是数字时代推进中国式现代化的重要引擎，是构筑国家竞争新优势的有力支撑。加快数字中国建设，对于全面建设社会主义现代化国家、全面推进中华民族伟大复兴具有重要意义。要审时度势、精心谋划，在加强统筹协调、推进协同创新、营造良好生态等方面持续发力，加快推进数字中国建设。党的十八大以来，习近平总书记多次强调要发展数字经济，提出"推动实施国家大数据战略，加快完善数字基础设施，推进数据资源整合和开放共享，保障数据安全，加快建设数字中国"[1]。党的二十大报告强调，"加快建设制造强国、质量强国、航天强国、交通强国、网络强国、数字中国"，并提出"加快发展数字经济""发展数字贸易""推进教育数字化""实施国家文化数字化战略"。[2] 财政政策在以下方面持续推进数字中国建设。

持续加大财政投入，提升数字基础设施建设。国家不断加大财政支持力度，支持数字基础设施的建设和完善。政府设立专项资金，用于 5G 网络、数据中心、云计算中心等基础设施建设，提高网络覆盖面和传输速度。截至 2023 年底，累计建成开通 5G 基站 337.7 万个，5G 移动电话用户达 8.05 亿户。全国 207 个城市达到千兆城市建设标准，千兆城市平均城市家庭千兆光纤网络覆盖率超过 100%，千兆光网具备覆盖所有千兆城市家庭的能力。移动网络终端连接总数达 40.59 亿户。

优化税收政策，促进数字经济发展。各地政府制定了一系列税收优惠政策，如对数字企业减免企业所得税、对数字产品和服务实行增值税减免等，降低企业税负，提高其创新能力和市场竞争力。

发挥政府采购作用，推动数字化产品和服务的应用。政府通

---

① 《审时度势精心谋划超前布局力争主动　实施国家大数据战略加快建设数字中国》，《人民日报》2017 年 12 月 10 日。

② 习近平：《高举中国特色社会主义伟大旗帜　为全面建设社会主义现代化国家而团结奋斗——在中国共产党第二十次全国代表大会上的报告》，人民出版社 2022 年版，第 30、33、34 页。

过制定相关采购政策，明确数字化产品和服务采购的比例和标准，鼓励企业提供高质量的数字化产品和服务。我国已有 208 个省级和城市的地方政府上线政府数据开放平台。2023 年我国数据生产总量预计超 32ZB，表明我国已是全球数据大国。北京、上海、广东、浙江等地区推进数据管理机制创新，探索数据流通交易和开发利用模式，促进数据要素价值释放。

促进国际合作与交流，提升中国数字经济的国际影响力。财政政策通过支持国际合作项目、参与国际组织等方式加强与其他国家的合作与交流，共同探讨数字经济发展之道。截至 2023 年 9 月，中国已与 29 个国家建立双边电子商务合作机制，与 18 个国家签署数字经济投资合作备忘录，一批数字企业成功出海。目前我国已签署的 22 个自贸协定中，有 13 个包含电子商务或数字经济的内容，数字经济国际朋友圈不断扩大。

> **知识链接** 我国数字经济的发展情况及全球格局

中国数字经济发展持续取得新突破，展现出强大韧性，持续向做强做优做大的发展目标迈进。数字经济整体实现量的合理增长，规模突破 50 万亿元，在国民经济中的地位更加稳固，持续保持高位增长，成为推动新质生产力发展的重要引擎。数字经济结构稳定，全要素生产率稳步提升，关键领域政策以深化升级为特征。从全球来看，数字经济正在进入全域国际合作新阶段，协作领域不断丰富。主要经济体协力推进全球数字基础建设。中、美、欧基于市场、技术、规则等方面优势，持续加大数字经济发展力度，数字经济规模持续扩大，全球数字经济三极格局持续巩固。

策划编辑：李甜甜

封面设计：胡欣欣

图书在版编目（CIP）数据

财政政策学习百问／中国人民大学财税研究所 组织编写 . —

　北京：人民出版社，2024.6

ISBN 978－7－01－026571－1

I.①财…　II.①中…　III.①财政政策－中国－问题解答

　IV.① F812.0-44

中国国家版本馆 CIP 数据核字（2024）第 0101767 号

财政政策学习百问

CAIZHENG ZHENGCE XUEXI BAIWEN

中国人民大学财税研究所　组织编写

人 民 出 版 社 出版发行

（100706　北京市东城区隆福寺街 99 号）

中煤（北京）印务有限公司印刷　新华书店经销

2024 年 6 月第 1 版　2024 年 6 月北京第 1 次印刷

开本：880 毫米 ×1230 毫米 1/32　印张：8.375

字数：165 千字

ISBN 978－7－01－026571－1　定价：38.00 元

邮购地址 100706　北京市东城区隆福寺街 99 号

人民东方图书销售中心　电话（010）65250042　65289539

版权所有·侵权必究

凡购买本社图书，如有印制质量问题，我社负责调换。

服务电话：（010）65250042